Peter Landgraf

Hawaii
Impressionen einer Rundreise

Peter Landgraf

Hawaii

Impressionen einer Rundreise

Mit gemalten Bildern

ISBN 9 783750 419698

Herstellung und Verlag: BoD – Books on Demand, Norderstedt
Text, Gouachen, Aquarelle und Zeichnungen Peter Landgraf
Internet: www.peterlandgraf.de
Die Deutsche Bibliothek verzeichnet diese Publikation in der
Deutschen Nationalbibliothek; Internet http://dnb.ddb.de
Titelbild: Honolulu - Strand von Waikiki

Inhalt

Vorwort

Meine wiederholten Reisen zu den Inseln Hawaiis hinterließen für mich bleibende Eindrücke. Sie sind es wert, an Dritte weitergegeben zu werden. Um die Erlebnisse und Empfindungen nachhaltiger zu veranschaulichen, habe ich meine Erzählungen mit zahlreichen von mir gemalten Bildern illustriert.

Das so entstandene Buch widme ich meinen beiden Enkelkindern Annika und Lukas, die nach bestandenem Abitur gemeinsam mit ihren Eltern Reisen nach Hawaii unternahmen, um vor Ort eigene Eindrücke von den vier großen Inseln zu sammeln.

Die Sprache der Hawaiianer ist uns fremd, doch sehr melodisch und leicht zu sprechen. Für ihre Worte benötigen sie nur die 12 Buchstaben a, e, i, o, u und h, k, l, m, n, p, w. Mit Aloha grüßen sie, mit Hula bezeichnen sie einen Tanz, der ursprünglich nur von Männern in religiösen Zeremonien vorgetragen wurde und bereits beim ersten Aufenthalt auf Hawaii lernt der Besucher das Wort Luau kennen, das Festmahl bedeutet und wöchentlich einmal in jedem Hotel unter freiem Himmel am Abend begangen wird.

Jeder Buchstabe wird einzeln gesprochen, also Lu-a-u. Und wer ein bisschen übt, dem gelingt es auch, das lange Wort Humuhumu-nukunuku-apua'a auszusprechen, mit dem der Diamant-Picasso-Drückerfisch bezeichnet wird, der Nationalfisch Hawaiis.

Peter Landgraf

Aloha

Manch einer mag die Frage stellen „Warum eine weite Reise nach Hawaii?" und ergänzen „Was macht den Archipel so besuchenswert?"
Die Antwort ist sehr einfach:
Die Inseln Hawaiis sind einmalig und Aloha heißt das Zauberwort.
Mit Aloha wird gegrüßt und auf Wiedersehen gesagt.
Mit Aloha werden Freundschaft, Sympathie und Liebe signalisiert.
Aloha ist Ausdruck hawaiischer Freundlichkeit und Gastfreundschaft.
Aloha spiegelt die Liebe der Hawaiianer zum Leben.
Aloha ist gleichsam ihre Art zu leben.
Aloha ist die Quintessenz der hawaiischen Kultur.
Aloha ist alles in allem der spirituelle Zugang zur Inselwelt von Hawaii und zu ihren Bewohnern.
Ihr Wohlbefinden spiegelt sich in ihren Familien, ihr Glück in den Augen ihrer Kinder und ihre Freude drückt sich im Teilen und Geben aus.
Auf ein E'olu'olu, ein Bitte, gibt es immer eine Antwort und mit Mahalo, einem Danke, erhält sich jeder die Freundschaft.
Allen ein Aloha, die Hawaii lieben, die Schönheiten der Inseln, ihre Bewohner und ihren Geist.

Keine andere Inselgruppe der Welt liegt so weit entfernt von anderen Kontinenten und Ländern wie Hawaii: Zum Mutterland Amerika sind es 3.600 km; nach Japan 6.100 km und nach Australien sogar 8.000 km. Selbst bis zu den Marquesas, der nächsten größeren Inselgruppe, beträgt die Entfernung weit mehr als 4.000 km. Acht größere Inseln bilden das Ende der längsten Inselkette der Welt, die sich über 2.190 km ausdehnt. Vier der Inseln zählen zu den am meisten besuchten: Hawaii, die größte und deshalb auch Big Island genannt, Maui, die Urlaubsinsel schlechthin, Oahu, die Insel mit dem Regierungssitz und Kauai, die Garteninsel. Auf Big Island befindet sich der größte aktive Vulkan der Welt, auf Maui der größte inaktive Vulkan, und der Berg Wai'ale'ale auf Kauai gehört zu den regenreichsten Punkten der Erde.
Noch mehr Superlative? Die größte privat geführte Ranch Amerikas wird auf Big Island betrieben, nicht in Texas. Mehr als 40.000 Rinder und mehrere tausend Pferde tummeln sich auf den Weiden des weitläufigen Geländes.

Schließlich und endlich wuchsen auf den Inseln von Hawaii fast ausschließlich endemische, also hier heimische Pflanzen, nämlich 96 % aller Gewächse, bevor die Polynesier landeten und 4 % Pflanzen anderer Inseln des pazifischen Raums mitbrachten.

Der reichste Schatz der Inseln war und sind jedoch noch immer ihre Bewohner. Sie lebten einst ausschließlich von und mit der Natur, die sie heutzutage mit den zahlreichen Besuchern ihres Paradieses teilen, die mit ihnen die einmalige Schönheit von Hawaii genießen.

Wahine – Hawaiianerin

Die abgebildete junge Frau, in der Sprache der Hawaiianer eine Wahine, trägt eine Blüte rechts im Haar als Zeichen dafür, dass sie noch nicht verheiratet ist. Als Halsschmuck trägt sie einen Lei, ein Sinnbild des Aloha-Spirits, mit dem auch jeder Gast begrüßt wird.

Die Rätsel der Entdeckung

Der englische Seefahrer Captain James Cook stieß bei seiner dritten Pazifik-durchquerung inmitten des riesigen Ozeans auf die Inseln Hawaiis. Er kreuzte aus Süd-Ost kommend vorbei an den acht größeren Inseln des Archipels und landete am 20. Januar 1778 an der Südwestküste Kauais. Im Ort Waimea, nahe der Mündung des gleichnamigen Flusses und der Landungsstelle, erin-nert ein Denkmal an dieses Ereignis.

Die Inseln waren bewohnt und wie James Cook bei seinem mehrtägigen Aufenthalt feststellen konnte, handelte es sich bei den Einheimischen um Po-lynesier, deren Sprache er von seinen Aufenthalten auf Tahiti kannte.

Waipi'o Valley auf Big Island

Die Polynesier besiedelten Hawaii, so die Erkenntnis der Wissenschaft, in zwei Wellen etwa im 7. und im 11. Jahrhundert. Sie landeten einst am Strand des Waipi'o Valley auf Big Island und nannten die Insel Hawai'i – nach dem Land ihrer Ahnen, Hawaiki, von dem sie nach ihren Mythen einst auszogen. Die Ali'i, die Häuptlinge, errichteten in diesem von hohen Bergen geschützten Tal ihre erste Residenz, bauten eine Siedlung, bestellten Felder und nahmen nach und nach alle weiteren größeren Inseln des Archipels in ihren Besitz. Sie gaben ihnen die Namen Maui, Kahoolawe, Lanai, Molokai, Oahu, Kauai und Nihiau.

James Cook und seiner Mannschaft gegenüber verhielten sich die Insulaner freundschaftlich. Doch waren diese Neuankömmlinge die ersten Europäer, die Hawaii-Inseln sichteten und betraten? Allen Erkenntnissen nach nicht.

Los Volcanes (nach einem Stich von 1576)

Im ehemaligen Gästehaus der Parker-Ranch auf Big-Island sah der Autor einen Stich, auf dem ein spanisches Schiff eine Inselgruppe passierte. Die Inschrift auf einem Messingtäfelchen lautete: Los Volcanes – 1576.

Der mitreisende Kartograph und Kupferstecher hielt auf seinem Bild fest, dass zwei Vulkane der sonst üppig grünen Inseln tätig waren und Rauch ausstießen. In der Tat sind der Mauna Loa und der Kilauea auf Hawaii bis heute aktiv und der Haleakala auf Maui war es bis etwa 1650. Nicht bekannt ist, auf welchem Schiff sich der Künstler befand und unter welchem Kommando es segelte.

Die Spanier ebenso wie die Portugiesen waren im 15. und 16. Jahrhundert zu großen Welt- und Seemächten herangewachsen. Die Spanier beherrschten Mittelamerika, das sie Nueva España nannten, und erforschten von dort den Pazifik bis zu den Philippinen. Als 1570 Manila zur Hauptstadt der spanischen Kolonie erklärt wurde, entwickelte sich ein reger Schiffsverkehr auf der Acapulco-Manila-Route mit hochseetauglichen und schnellen Galeonen, der zweihundert Jahre andauerte.

Die seefahrerischen Entdeckungen fanden ihren Niederschlag in zahlreichen Land- und Seekarten. Auf der Karte des Flamen Gerhard Mercator von 1569 – Nova et aucta orbis terrae descriptio ad usum navigantium – wurden erstmals die Inseln Los Bolcanes und La Farfana beim nördlichen Wendekreis, dem Tropicus Canceri kartiert. Abraham Ortelius, ein weiterer Flame, der mit dem Kartographen Mercator in Kontakt gestanden hat, stellte auf seiner Weltkarte Typus Orbis Terrarum von 1570 die beiden Inseln ebenfalls dar, jedoch in anderer Schreibweise, Los Bolcanes und La farfana.

Von wem bezogen Mercator und Ortelius ihre Informationen? Verarbeiteten beide nur mündliche Überlieferungen? Die Spanier sprechen ein V wie ein zartes B. So könnte aus Los Volcanes fälschlicherweise Los Bolcanes geworden sein. Oder hatten sie vertraulichen Einblick in spanische Berichte und Handskizzen? Denn einer der Seefahrer Spaniens muss vor der Kartierung den Archipel von Hawaii entdeckt haben. Doch welcher war es? Oder waren es sogar mehrere, die Hawaii passierten?

In den veröffentlichten Berichten finden sich jedenfalls keine Hinweise. Der Seeweg nach Manila und die Entdeckung Hawaiis wurden auf Befehl der Casa da Contratación, der spanischen königlichen Behörde der Entdeckungs- und Eroberungsexpeditionen, als großes politisches Geheimnis gehütet, das bis heute – warum auch immer – bewahrt wird.

Hawaii – Big Island

Die Kleinstadt Kailua-Kona, meist nur Kona genannt, an der Westküste von Big Island erlangte Weltruhm, seit 1978 dort erstmalig der Ironman genannte Triathlon von sportlich gestählten Konditionswundern ausgetragen wurde. Die geschichtliche Bedeutung dieses Ortes reicht jedoch viel weiter zurück.

Kailua-Kona – Ahuʻena Heiau, HuliHeʻe Palace, Mokuaikauna Church
Im Hintergrund die Vulkane Hualalai und Mauna Loa

Der hawaiische König Kamehameha I. errichtete auf der kleinen Landzunge am nördlichen Ende der sanften Bucht 1812 seine Residenz Kamakahonu, in der er die letzten Jahre seines Lebens verbrachte. Der Name der Residenz bedeutet „Das Auge der Schildkröte" in Anspielung darauf, dass er als Herrscher alles überblicken und ordnen konnte. So setzte er von hier aus mehrere wichtige Erlasse in Kraft, die das Leben der Hawaiianer bestimmten.

Auf einer über Felsen im Meer gebauten Plattform steht der nach alten Skizzen restaurierte persönliche Tempel Kamehamehas, der Ahuʻena Heiau. Er ist dem Fruchtbarkeitsgott Lono geweiht. Aus Holz geschnitzte Götterfiguren, Kiʼis oder Tikis genannt, beschützen den Tempel des Herrschers, in den er sich zurückzog, um Opfer darzubringen und die Götter um Unterstützung für Friede, Regen und eine reiche Ernte zu bitten oder um Zwiesprache mit den Ahnen zu halten.

Am sich anschließenden Strand landeten 1820 zur Regierungszeit Kamehamehas II. die ersten Missionare. Unter ihnen war Asa Thurston aus Massachusetts, der die Erlaubnis erhielt, auf der Insel zu verbleiben und seinen christlich-protestantischen Glauben zu verbreiten. Mit dem Wohlwollen des vom König eingesetzten Gouverneurs und Beraters Kuakini errichtete der Missionar Thurston 1837 die Moukaikauna Church im heutigen Kailua-Kona, die erste Kirche Hawaiis.

Nur ein paar Schritte daneben war ein Jahr danach 1838, ebenfalls unter der Leitung von Kuakini, Richtfest für den HuliHeʼe Palace. Dieser diente den Regierungsvertretern für staatliche Empfänge und als Herberge für die Gäste aus fremden Ländern.

Bis Anfang des 20. Jahrhunderts diente der kleine Palst ferner der Königsfamilie als Sommerresidenz. Heute befindet sich darin ein kleines Museum, durch das noch in den 1990er Jahren die Enkelin des letzten Königs von Hawaii die Besucher führte. Sie war eine zierliche Frau, gar nicht so füllig wie sonst die Hawaiianerinnen. Mit zarter Stimme wusste Sie viele historische wie familiäre Geschichten zu erzählen.

Die sanften, zum Hualalai und Maona Loa ansteigenden Hänge tragen ganzjährig ein sattes, dunkelgrünes Kleid, das sich in der Blütezeit im März in leuchtendes Weiß verwandelt. Hier wurde der Traum eines Mannes Wirklichkeit, den er sich vermutlich in seinen kühnsten Fantasien nicht hatte vorstellen können. Noch vor der Einweihung der Kirche und der Eröffnung des Sommersitzes brachte 1828 ein Pastor aus Connecticut namens Samuel Ruggles Kaffeepflanzen der Sorte Arabica aus Brasilien nach Hawaii. Auf fruchtbaren vulkanischen Böden, die von überhängenden Wolken feucht gehalten werden, gedeiht der Kona Kaffee auf einer Höhe von 300 bis 800 Meter bei idealen klimatischen Bedingungen. Er gilt als eine der kostbarsten Sorten mit einem intensiven, vollen Körper und einem zarten Aroma von Schokolade. „Ich denke, der Kona Kaffee hat einen volleren Geschmack als jeder andere“. So schwärmte bereits Mark Twain in seinem Reisebericht. In zahlreichen Cafés, Bars und Restaurants kann dieses köstliche Getränk genossen werden – einfach so am Nachmittag oder zum Sonnenuntergang direkt am Meer im On the Rocks, Huggo's, Kona Inn oder Mi's Bistro.

Kaffeeplantage bei Kona

Wer ein frisch gezapftes Bier vorzieht, dem wird auch geholfen. Die Biere der Kona Brewing Company werden überall angeboten, ein Big Wave Golden Ale als leichtes Helles, ein Longboard Island Lager, ein Fire Rock Pale Ale, ein Lavaman Red Ale und auch ein dunkles Pipeline Porter. Die Auswahl ist groß. Zum Wohl allen, die ein Hawaii-Bier möchten – ein flüssiges Aloha.

Ein aufregendes, obgleich sicheres Erlebnis bietet Atlantis Submarines in Kona. Ein U-Boot bringt die Mutigen für harte Dollars auf etwa 30 Meter Tiefe in die Nähe eines farbenprächtigen Riffs. Durch große Bullaugen können die durch das kristallklare Wasser vorbeiziehenden tropischen Fische beobachtet werden, kleine und größere wie Snapper, Trigger, Butterfly und Needle, vielleicht auch ein Hai.

Das Non-plus-ultra der Meeresbeobachtung wird im Sheraton Kona Resort geboten. In der Bar Rays on the Beach auf einem felsigen Kap werden nach Einbruch der Dunkelheit die Scheinwerfer eingeschaltet. Das Plankton beginnt im gleißenden Licht zu glitzern und die Rochen anzulocken. Riesenmantas schweben zahlreich herbei, in einer Größe, die jenseits der Vorstellungskraft eines jeden liegt, der dieses Schauspiel noch nicht gesehen hat. Die größten erreichen eine Spannweite bis zu sieben Meter. Majestätisch und anmutig gleiten sie in ihrem Element vorüber, reißen das Maul weit auf, saugen das Meerwasser ein und filtern das Plankton heraus, ihre Nahrung.

* * *

Der Highway 19 führt von Kona nordwärts zur Kohala Coast, der sonnigen und regenarmen Westküste. Die großen Schildvulkane formten durch ihre über Jahrtausende ausgestoßene Lava eine wilde, teils schwarzgraue Landschaft, die sich umso grüner zeigt, je näher sie der Küste zustrebt. Der tropische Nord-Ost-Passat sorgt auf allen Inseln für den fast täglichen Regen. Wind und Vögel brachten Samen und Sporen von weit hierher. Lava und Asche zersetzten sich und aus dem scheinbaren Nichts entfaltete die Natur über die Jahrtausende hinweg ihre einzigartige Schönheit.

In traumhaften Buchten mit glitzernden Sandstränden werden in verstreut liegenden Hotel-Resorts die Besucher verwöhnt – nicht nur von den Annehmlichkeiten der Unterkünfte und den gastronomischen Köstlichkeiten, sondern von der bezaubernden Natur, dem kristallklaren Wasser, den mit Palmen bestandenen Stränden, der farbenfrohen Unterwasserwelt, den friedlich einher schwimmenden Meeresschildkröten und den häufig vorbeiziehenden Delfinen. Die Anaeho'omalu-Bucht ist einer dieser zauberhaften Plätze.

Dort, beim heutigen Waikoloa Resort, siedelten bereits vor Jahrhunderten die Hawaiianer. Ihre Hinterlassenschaften sind beeindruckend. Ein langer, schmaler Sandstreifen trennt eine Lagune vom Meer. Die Hawaiianer bauten

Anaeho'omalu-Bucht mit Kuuali'i Fishpond und Petroglyphen

eine Schleuse, mit deren Hilfe sie bei Ebbe und Flut die Lagune Kuuali'i sowohl entwässern als auch bewässern konnten. Auf diese Weise blieb der Salzgehalt in der Lagune erhalten, was die Zucht von Meeresfischen und Garnelen im großen Stil ermöglichte. Im Schatten der Schleuse und Palmen lauern meist Barrakudas, die mit ihren starren Augen und übergroßen Maul, bei dem der Unterkiefer den Oberkiefer überragt, selbst den zum Sandstrand ziehenden Betrachter erschrecken können. Wer Geduld aufbringt, kann Schnapper, Drücker, kleine Barsche und Trompetenfische beobachten.

Der Strand vor der Lagune fällt flach zum Meer hin ab. Delfine tummeln sich manchmal weit draußen. Die mächtig großen Meeresschildkröten wagen sich näher an den Strand und beängstigen durch ihr Auftauchen den einen oder anderen Schwimmer, was für diesen zu einem nahezu unbeschreiblichen Erlebnis wird.

Meeresschildkröte vor Big Island

Ein uralter, 282 km langer Küstenpfad, der Ala Kahakai Trail, verbindet den Südosten der Insel mit der Nordspitze. Teile wurden durch Erosion zerstört, andere blieben gut erhalten, so auch auf dem Gelände des Waikoloa Beach Resorts am Südende des Fischteichs. Dort wurde eine alte Siedlung ausgegraben.

Die ersten Polynesier, die von den Marquesas kamen, hinterließen kaum nennenswerte Spuren. Mit der Ankunft der Tahitianer etwa zwischen 1100 und 1300 n. Chr., welche die ersten Siedler unterwarfen, begann die Entwicklung einer hawaiischen Gesellschaft und Kultur. Sie war durch Klassen und strenge Gesetze gekennzeichnet. Die Ali'i, die Häuptlinge herrschten despotisch über ihre Untertanen und das Kapu genannte Gesetz kannte zahlreiche Verbote, Tabus, und als Strafe in vielen Fällen die Todesstrafe.

Die Grundmauern kleiner Häuser mit mehreren Räumen sind zu erkennen, die den Stammesherrschern vorbehalten waren. Im Hale Noa versammelten sich Männer und Frauen gleichermaßen. Im Mua nahmen ausschließlich die Männer ihre Mahlzeiten ein. Frauen war es unter Strafe verboten, diesen Raum zu betreten. Einige Meter weiter sind mehrere Lava Tubes zu sehen, Höhlen im erkalteten Gestein, die durch Äste und Palmenzweige abgeschirmt die einfachen Bewohner vor Wind und Regen schützten.

Einige Schritte landeinwärts, direkt neben dem alten Küstenpfad, sind zahlreiche Petroglyphen zu erkennen, menschenähnliche Figuren, Zeichen und Tiere, die vor langer Zeit in den Stein geritzt wurden. Eine Schrift war nicht bekannt. Die Hawaiianer drückten sich in Symbolen aus.

Einige Kilometer weiter nordwärts, im Puako Petroglyph Park, wurden mehr als 3.000 dieser Darstellungen gezählt.

Der alte Pfad führte von Siedlung zu Siedlung, zu den Landeplätzen der Fischer und zu den Heiau genannten Tempeln. Oberhalb eines kleineren und älteren aus dem 16. Jahrhundert wurde die größte Tempelanlage unter König Kamehameha I. errichtet, der Pu'ukohala Heiau. Er brachte dort Opfer dar, damit ihm der Sieg über die Herrscher auf den anderen Inseln gelingen möge, um alle Inseln des Archipels zu vereinen. Und er brachte Dankopfer dar, als ihm dies nach jahrelangen Kämpfen gelang. Dieser um die Wende vom 18. auf das 19. Jahrhundert erbaute Tempel befindet sich erhöht am Strand mit Blick auf die zuerst unterworfene Nachbarinsel Maui, dort wo der Highway 19 nach Osten zum Ort Waimea abbiegt, und der Highway 270 weiter nach

Norden führt. Diese dem Kriegsgott Ku errichtete heilige Stätte hat gewaltige Ausmaße, sie ist 65 m lang und 30 m breit und mit etwa 5 bis 6 m hohen Mauern umgeben.

Pu'ukohala Heiau an der Koahla Küste

Wie überliefert wird, wurden die Lavasteine vom Pololu Valley auf der Ostseite der Insel mit einer 40 km langen Menschenkette hierher gebracht. Eine großartige Leistung für die damalige Zeit.

Der Highway zu diesem Tal führt über den Ort Kapa'au im Norden Big Islands. Schon von weitem sichtbar steht eine überlebensgroße Statue König Kamehamehas I. vor dem Bürgerhaus am Straßenrand. Sie wurde 1880 unter dem König Kalakaua errichtet. Mit weit ausholender Geste des rechten Arms macht er auf sich, den Herrscher Hawaiis aufmerksam. Die heute daneben im Wind flatternde Fahne Hawaiis macht deutlich, dass nach dem Willen der USA aus dem einstigen Königreich der 50. Staat wurde. Zur Erinnerung an die erste Inbesitznahme durch das United Kingdom trägt die Fahne links oben den Union Jack auf acht, die großen Inseln symbolisierenden Streifen im Wechsel der Farben Weiß, Rot und Blau.

Nach dem letzten Zensus hat Kapa'au gerade einmal 1.750 Einwohner, jedoch sechs Kirchen – Episcopal, Baptist, Adventist, Catolic, Latter-day Saints und Gospel of Salvation – und zwei buddhistische Tempel, den Hawi Jodo und den Kohala Jodo. Was für eine gläubige Gemeinde.

Episcopal Church, Kamehameha I. Statue und Bürgerhaus in Kapa'au

Der Highway 270 führt zuerst noch vorbei an den weit verstreuten Häusern von Halaula, wo die eine oder andere althawaiische Familie lebt, bis schließlich der Pololu Valley Lookout erreicht wird. Dieser Aussichtspunkt eröffnet einen den Atem raubenden Blick auf steile Felsabstürze und den Eingang in das tiefe Pololu-Tal. Die Brandung des Meeres tönt herauf, der süße Duft der Plumeria liegt in der Luft und die Blüten der Ohi'a Lehua-Bäume bilden rote Farbtupfer im Kontrast zum Blau des Ozeans und dem Grün der Wälder. Eine faszinierende Szene der Einmaligkeit am scheinbaren Ende der Welt. Wem es gelingt, an diesem abgeschiedenen Ort den Himmel, die Sonne, das Meer, die üppige Natur mit ihren farbigen Tupfern der Blüten in sich aufzunehmen, dem öffnet sich die Freude als eigentlicher Sinn des Lebens.

Küste am Pololu Lookout

Hier im Pololu Valley und im etwas südlicher gelegenen Waipio Valley, dem ersten Landeplatz der Polynesier, bauten die Hawaiianer jahrhundertelang Taro an, ein Wurzelgemüse, das gekocht, zerstampft und mit Wasser gemischt das Grundnahrungsmittel Poi ergibt. Noch heute wird dieser Brei beim traditionellen Lu'au gereicht. Diese Tarowurzeln brachten die Polynesier auf ihren großen, besegelten Doppelrumpfkanus ebenso mit nach Hawaii wie Schweine und Hühner und die Südseepalmen, ohne die das Flair Hawaiis heute undenkbar wäre. Sie beherrschten den Lauf von Sonne, Mond und vor allem der Sterne zur Navigation zu nutzen, die Passatwinde aus Süd-Ost und

21

Nord-Ost dabei einzuschätzen, die Meeresströmungen und Gezeiten zu lesen, und entdeckten von den Fidschis, Samoa und Tonga kommend zuerst die Marquesas, dann die Osterinseln, Hawaii und Gesellschaftsinseln und schließlich Neuseeland. Nachdem sich die zunächst kriegerischen Stämme befriedeten und schließlich zu einem Inselreich zusammenschlossen, wurden die Taro-Felder in den versteckten Tälern Big Islands aufgegeben und in die fruchtbaren, flacheren Gebiete der anderen Inseln verlegt.

Ungezählte weitere Buchten und Strände säumen die Insel; die einen zum Schwimmen und Schnorcheln geeignet, die anderen nur zum Bestaunen. Von des Meeres Kraft fein zermahlenes Lavagestein und schwarze Vulkanasche bilden an der Süd-Ost-Flanke von Big Island mehrere Buchten, die Black Sand Beaches genannt werden.

Hapuna Beach   und   Punalu'u Beach

Eine der Schönsten, von Palmen eingerahmt, liegt von Kona kommend am Highway 11 nach der Südspitze der Insel zwischen den Orten Na'aleu und Pahala, der Punalu'u Black Sand Beach. Der Blick über den pechschwarzen Strand, an dem sich die Wellen weiß brechen und nachmittags meist drohende Regenwolken aufziehen, bleibt unvergessen. Wenn dann noch eine Honu, eine grüne Meeresschildkröte aus den Fluten steigt, ist das Bild vom Paradies perfekt.

Diagonal gegenüber auf der Westseite der Insel erstreckt sich der Hapuna Beach an der Kohala Coast. Er ist nicht nur einer der größten weißen Sandstrände, er gilt in Verbindung mit seiner parkähnlichen Umgebung auch als eine der spektakulärsten Oasen. Die Bedingungen zum Schwimmen und Schnorcheln sind hier das ganze Jahr über günstig.

* * *

Big Island ist die jüngste aller Hawaii-Inseln, die Tag für Tag noch größer wird. Die Schöpfung ist hier noch lange nicht zu Ende. Dafür sorgen die seit Jahrtausenden tätigen Vulkane, von denen der Kilauea seit Jahrzehnten ununterbrochen Gase und vor allem flüssige und rotglühende Lava ausstößt; mal in seinem Hauptkrater, dem Halema'uma'u, mal in einem der Nebenkrater, wie dem Pu'u O'o. Der hawaiische Name Kilauea bedeutet spucken, oder viel verbreiten, was auch in der Bezeichnung Schildvulkan zum Ausdruck kommt. Ein Schildgestein wächst über dem nächsten und vergrößert so die Oberfläche und das Volumen der Insel.

Der Kilauea ist Teil des Hawai'i-Volcanoes-Nationalparks. Die jüngsten Ausbrüche fanden von 1983 bis 2018 größtenteils im etwa 15 km davon entfernten Pu'u O'o-Krater statt. Die Lavaströme flossen von dort – teils oberirdisch, teils in Lavaröhren – häufig bis in den Pazifik, wo die über 1100 Grad heiße Lava durch das Meerwasser schlagartig abgekühlt wird und erstarrt. Die Ströme flossen aber auch in die bewohnten Hänge auf der Ostseite der Insel und begruben große Wohngebiete der Orte Pahea und Kapoho. Die historische Fischersiedlung Kalapana und der älteste Heiau der Insel wurden 1990 gänzlich verschüttet.

In der traditionellen hawaiischen Religion gilt der Halema'uma'u als Sitz der Feuergöttin Pele. Sprachlich gesehen bedeutet Hale Haus und ama'uma'u bedeutet Farn. Der Halema'uma'u ist demnach das Farnhaus. Und in der Tat erstreckt sich an der Ostflanke des Kraters ein großer tropischer Farnwald in etwa 1200 m Höhe. Darin versteckt gilt eine lange, unterirdische Höhle, die aus einem alten Lavastrom geformt wurde, als eine echte Attraktion, die Thurston Lava Tube, von den Hawaiianern Nahuku genannt. Sowohl am Eingang der Höhle als auch am Ausgang strecken schneckenartig zusammengerollte Schösslinge ihre Köpfe in die Höhe, rollen sich auf und lassen neue Farnbäume wachsen.

Lava-See und Schwefeldämpfe im Kilauea-Krater
Im Vordergrund blühender Hawaii-Knöterich und Farnwedel

Ein Wanderweg führt rings um den Kraterrand, der großartige Einblicke in die Tiefe der Caldera eröffnet und zahlreiche Überraschungen bietet. Wer es versteht, mit offenen Augen in dieser Welt des Feuers und des Todes seine Umgebung zu betrachten, der wird auf das eine oder andere scheinbare Wunder stoßen. Denn immer wieder grüßen die roten Blüten der Ohi'a-lehua-Bäume, das sind nur auf Hawaii vorkommende, stattlich große Eisenholzgewächse mit der lateinischen Bezeichnung Metrosideros polymorpha.

Wer seinen Blick von den im Krater dampfenden Öffnungen und den Sulphur Banks genannten, schweflige Wasserwolken ausstoßenden Spalten nehmen und auf die scheinbar nichtssagende flache Umgebung oberhalb des Kraters lenken kann, wird mit großen Augen erstaunt auf der Nordseite viele lila Punkte im zarten Gras erspähen – kleine Orchideen.

Orchideen

Farnknospen

Und wem das Glück zur Seite steht, der entdeckt gerade aus der porösen Lava hervorgedrungenes neues Leben eines Pawale Strauches Rumex skottsbergii, eines krautigen Knöterichs, der auch als Ampfer bekannt ist. Wenn der Wind die Samen des Ampfers verstreut, beginnen diese nach einem Regenguss zu keimen, brechen das trockene Vulkangestein, schlagen Wurzeln und lassen Stängel mit dunkelroten Blütenknospen sprießen.

Schmetterlinge lieben die Blüten dieses Knöterichs ebenso, wie jene roten der Ohi'a-lehua-Bäume. Zwei Arten von Schmetterlingen kommen nur auf den Hawaii-Inseln vor, der Hawaiian green-blue, Udara blackburni, und der Edelfalter Vanessa tameamea, den die Hawaiianer ihrem ersten König zuliebe Kamehameha Butterfly nennen. Dieser ist mit dem in Europa vorkommenden

Admiral verwandt, trägt jedoch eine noch intensivere Zeichnung mit einer leuchtend orange-braunen Färbung.

Kamehameha Schmetterling auf einer Ohi'a-lehua-Blüte

Wenn alles, was die Natur uns zeigt, schön ist, dann gibt es keinen Kitsch. Das ist die naheliegende Erkenntnis.

* * *

Eine weitere, große Attraktion bleibt noch zu erwähnen. Nur etwa vierzig Fahrminuten südlich von Kailua-Kona befindet sich an der Küste die alte Kultstätte der Polynesier Pu'uhonua o Honaunau im National Historical Park. Der Ali'i Drive führt aus dem Städtchen heraus, folgt dann der Küste, bis er in den Highway 11 mündet. Bunte Holzhäuschen mit Hibiskus-Büschen im Garten sind zu sehen. Kurz hinter der kleinen Ansiedlung Honaunau geht es dann hinunter ans Meer, zum Pu'uhonua o Honaunau, zum Place of Refuge, zur Stätte der Zuflucht – einem der bedeutungsvollsten historischen Plätze der Insel und des Archipels. Der sorgfältig gepflegte Ort strahlt Ruhe und Erhabenheit aus. Eine hohe und breite und gut 300 m lange, aus Lavasteinen gebaute Mauer schirmt ein Areal von etwa 20.000 qm vom Meer ab. Gesetzesbrecher und Kriegsflüchtlinge, welche diesen Platz schwimmend über das Meer erreichten, waren von ihrer Strafe befreit.

Pu'uhonua o Honaunau

Auf der Landseite befinden sich Fischteiche und Reste von Wohnhäusern, Hütten, Lagerhallen und Tempeln, alle mit viel Liebe zum Detail restauriert, die eindrucksvoll erkennen lassen, wie sich das Leben auf diesem fürstlichen Grund der Ali'i abgespielt haben mag. Innerhalb der Umfriedung stehen zwei Tempelplattformen und ein großer Stein mit eingeritzten, sich mehrfach kreuzenden Rillen, der als Spieltisch benutzt wurde.

Am nachhaltigsten wird dem Besucher jedoch die Tempelanlage an der Nordspitze der Mauer, direkt am anbrandenden Meer in Erinnerung bleiben. Im Hale o Keawe Heiau genannten Mausoleum ruhen die Gebeine von mehr als zwanzig Häuptlingen. Aus dem Holz von Palmen und anderen Bäumen geschnitzte, übermannsgroße Figuren, so genannte Tikis, schützen mit ihren fratzenhaften Gesichtern die Toten vor den bösen Geistern. Am Tempelsockel befindet sich ein kleines hölzernes Podest, auf dem die Einheimischen täglich frische Opfergaben niederlegen. Daneben recken sich mit Schnitzwerk verzierte Pfähle wie Antennen himmelwärts, als wollten die Hawaiianer Verbindung mit ihren Göttern aufnehmen.

Ein kleines Wegstück nördlich von dieser heiligen Stätte liegt die auf den ersten Blick unscheinbare Kealakekua Bay. Sie ist jedoch ein historisch bedeutsamer Ort. Auf der von Wellen umspülten Landzunge, die mit einem Boot erreicht werden kann, erinnert ein weiß leuchtender Obelisk daran, dass an dieser Stelle 1779 James Cook von den Eingeborenen erschlagen wurde.

Cook hatte ein Jahr vorher als erster Europäer die Inseln von Hawaii angefahren und auf Kauai betreten. Bei seinem zweiten Aufenthalt, diesmal vor der Kealakekua Bay auf Hawaii, brach in einem Sturm nur wenige Meilen nach der Abreise der Fockmast. Cook musste mit dem havarierten Schiff zurückkehren. Zwischen Eingeborenen und Matrosen entwickelte sich eine Schlägereien. Als Cook nach dem Diebstahl eines Beibootes den Häuptling als Geisel mit an Bord nehmen wollte, brach ein weiteres Handgemenge aus, bei dem zwei Hawaiianer erschossen wurden.

Als Captain Cook den Rückzug anordnete und der wütenden Meute den Rücken kehrte, war es um seinen Nimbus des Außerirdischen, wie es heute heißen würde, getan. Der bisher dem Gott Lono gleichgestellte Fremde war angreifbar geworden. Von seinem darauf folgenden Schicksal zeugt nur noch ein schmuckloses Monument.

* * *

Vor dem Ausbau des Flughafens in Kona landeten die auf Big Island ankommenden Überseeflugzeuge ausschließlich auf dem Hilo Airport. Wer heutzutage auf dem Kona Airport eintrifft und sich in Kailua-Kona oder auf der Kohala Coast im Westen aufhält und mit dem eigenen Fahrzeug nach Hilo möchte, der hat drei Möglichkeiten: entweder erstens über Hwy 190 und 200 quer durch die Mitte, oder zweitens über Hwy 180 und 11 und rund um die Südspitze, oder drittens über den Hwy 19 zuerst nördlich und dann weiter an der Ostküste.

Auf der 78 Meilen langen ersten Variante über die so genannte Saddle Roasd kommt man am Kaumana Trail vorbei. Der Pfad ist 3 Meilen lang und hin und zurück in etwa 1 1/2 Stunden zu gehen. Rechts und links liegen die höchsten Berge Hawaiis, der Mauna Kea und der Mauna Loa. Bei Sonnenschein wird die Wanderung durch eine rustikale Gegend viel Gefallen finden. Etwa in der Mitte befindet sich ein tiefer Wald, den es kurz zu erkunden lohnt. Mehrere Ohia Lehua Bäume stehen am Wegesrand und andere endemische Pflanzen, wie der Ohelo Busch Vaccinium reticulatum. Dieser trägt im Sommer rote, reife und genießbare Früchte.

Die zweite Strecke führt an mehreren bereits beschriebenen Punkten vorbei, wie an der alten Kultstätte, am Black Sands Beach und durch den Vulcanoes National Park. Sie ist 123 Meilen lang und nur zu empfehlen, wenn eine Übernachtung in Hilo eingeplant wird.

Weidegründe der Parker Ranch bei Waimea

Die dritte Route geht zuerst nach Waimea. Der Ort ist von einem weiten, hügeligen Land umgeben, das bei sonnigem Wetter den Blick bis hinauf zum

Mauna Kea freigibt. Soweit das Auge reicht, gehört das Land zur Parker Ranch – einer der größten Zuchtfarmen der USA. Mehr als 40.000 Rinder und über 1.000 Pferde weiden hier auf den schier unüberschaubaren, 53.000 Hektar großen saftigen Wiesen. Das Hauptquartier der Ranch steht den Besuchern offen. Am Ende des Mamalahoa Hwy grüßt das im viktorianischen Stil erbaute Puuopelu Manson. Daneben steht das Mana Hale genannte Holzhaus, das John Palmer Parker, der die Ranch 1847 gründete, selbst bewohnte.

Von Waimea aus dauert die Fahrt nach Hilo etwa 1 Stunde ohne Zwischenaufenthalt. In Fahrtrichtung links der Pazifik mit seinen heranbrausenden Wellen, Wolken und manchmal auch Schauern und rechts die Berghänge des Mauna Kea mit dem Hakalau Forest Wildlife Refuge.

Nach etwas mehr als der Hälfte des Weges kündet ein Hinweisschild das Laupahoehoe Train Museum an, das einen Einblick in den Zuckerrohrtransport vor langer Zeit mit der Eisenbahn gibt. Ein Stopp für Spezialisten.

Im kleinen Ort Honomu weist ein Verkehrsschild auf den Abzweig zum Akaka Falls State Park hin. Der Parkplatz am Wasserfall ist nur 4 Meilen vom Hwy 19 entfernt.

Nur 7 Meilen vor Hilo befindet sich der sehr sehenswerte Hawaii Tropical Botanical Garden. Leider ist diese schöne Anlage nicht ausgeschildert und schwer zu erreichen. Liebhaber botanischer Gärten sollten jedoch Zeit für einen Besuch einplanen. Hilo selbst ist von einer großartigen Natur umgeben. Der Regenwald reicht bis an den Stadtrand heran. Am Ortseingang überquert der Hwy 19 den Wailuku River. Direkt nach der Brücke zweigt rechts die Waianuenue Ave ab. Nach 1,6 Meilen wird bereits der Parkplatz bei den Rainbow Falls erreicht. Diese bilden im Schein der aufgehenden Morgensonne einen Regenbogen, der den Wasserfällen ihren Namen gab.

Hilo selbst ist eine Stadt, die durchaus einen Besuch wert ist. Entlang der Bucht kann man auf der Kamehameha Ave vom Suisan Fish Market zum Farmers Market spazieren und bestaunen, was das Meer und die Landwirtschaft bieten. Am Ende der Avenue befindet sich der nach der letzten Königin von Hawaii benannte Lili'uokalani Park mit einem von den Einwanderern stilgerecht bepflanzten, beschnittenen und gepflegten japanischen Garten.

In der lebendigen Stadt haben sich zahlreiche Kunstgalerien neben den üblichen Mode- und Andenkengeschäften angesiedelt – viele davon in bunten, historischen Holzhäusern. Den Liebhabern von Museen können gleich zwei

Einrichtungen empfohlen werden, das Pacific Tsunami Museum, auch in der Kamehameha Ave, und das in der Haili Street befindliche Lyman Museum & Mission House, das einen sehr guten Überblick über die erdgeschichtliche Entstehung Hawaiis mit ihrer Flora und Fauna bietet und die Kultur ihrer vielschichtigen Bewohner präsentiert.

Japanischer Garten in Hilo

In Hilo leben etwa 44.000 Einwohner. Die Arbeitslosenquote ist mit 6,9 % noch moderat. Der südlich gelegene Vorort Hawaiian Beaches hat dagegen bei etwa 4.300 Einwohnern mit 23,9 % die höchste Arbeitslosenquote von ganz Hawaii.

* * *

Für den begeisterten Golfspieler ist die Auswahl an Golfplätzen auf Big Island groß. Das gilt natürlich auch für die drei Inseln Oahu, Kauai und Maui. Doch kein Course verführt den Spieler zum Genießen der spektakulären Bahnen und landschaftlichen Ausblicke so sehr, wie der Waikoloa Beach Course.

Waikoloa Golf Course Hole 7

Wenn dort der 7. Abschlag erreicht wird, bleibt so manchem vor Schreck und Begeisterung zugleich die Luft weg, denn der Pazifik liegt direkt in Schlagrichtung, während Lavafelder das Fairway rechts und links begrenzen. Ein guter Abschlag sollte die durchaus breite Landezone treffen. Doch Vorsicht ist geboten, denn der Wind weht hier an der Küste stärker und das bei häufig wechselnden Richtungen. Es gilt deshalb mit Bedacht zu zielen und eine mögliche Abdrift mit einzuplanen. Nach dem Drive biegt die Spielbahn des Par 5-Loches scharf nach links ab, was der Golfer als Dogleg bezeichnet. Auch für den zweiten Schlag ist Vorsicht geboten. Hier verschluckt eine Lavahöhle inmitten der Bahn, je nach Spieltaktik, zu kurze oder auch zu lange Schläge. Zum Grün geht es dann leicht nach rechts und etwas bergauf. Alles nicht zu schlimm, ist der erste Gedanke des Spielers. Wenn allerdings der Wind die Gischt der an die Klippen klatschenden

Wellen bis ans seitliche Vorgrün und die dort sich wiegenden Palmen weht, kommen Zweifel auf bei der richtigen Wahl des Schlägers. Schließlich gelandet, sollten zwei Putts zum Par oder Bogey reichen.

Robert Trend Jones Jr. gestaltete die Architektur dieses Par 70- Platzes mit 6,566 yards, Slope 130 und einem Rating von 72.7.

Die meist großzügigen, gepflegten Spielbahnen, die Bunker mit niedrigen Kanten und großen Grüns lassen den atemberaubenden Waikoloa Beach Course für jeden Spieler zu einem sportlichen und zugleich unvergesslichen Erlebnis mit einem guten Score werden.

Oahu – Die Insel mit dem Regierungssitz

Die bekannteste Stadt Hawaiis liegt auf Oahu – Honolulu. Sie ist Sitz des Gouverneurs und der Regierung, wirtschaftliches Zentrum und mit dem internationalen Flughafen Drehscheibe des Pazifiks. Hier landen die meisten Touristen, die hinaus in die Hotels am Strand von Waikiki strömen. Dieser ist zweifelsohne einer der schönsten Stadtstrände der Welt.

Pink Palace am Waikiki Beach und Diamond Head

Palmen wiegen sich im Wind vor der Hotelkulisse und dem Diamond Head genannten, längst erloschenen Vulkan am östlichen Ende, der weiße Strand glänzt in der vom Himmel scheinenden Sonne, das flache, türkisblaue Meer lädt zum Baden ein, langgezogene Wellen streben ohne Unterlass dem Strand entgegen, die den Hawaiianer Duke Kahanamoku anfangs des 20. Jahrhunderts ermunterten, einen alten Brauch wieder ins Leben zu rufen, das moderne Wellenreiten.

Die Hotels Moana Surfrider, The First Lady of Waikiki, mit ionischen Säulen am Portal und in der Halle und das im spanisch-maurischen Stil erbaute Royal Hawaiian erinnern an die Anfänge des Tourismus. Wegen seines rosa Anstrichs erhielt das Royal den Spitznamen Pink Palace of the Pacific. Hollywoodstars und Präsidenten wohnten dort und in den anderen mit Sternen ausgezeichneten, namhaften Hotels ebenso, wie Opernsänger, Schlagerstars und Rockmusiker aus aller Welt. Direkt dahinter verläuft die Kalakaua Avenue. Dort laden die renommiertesten Designer-Boutiquen, Shopping-Zentren, Galerien, Andenkenläden, Cafés und Bars zum Bummeln, Einkaufen und Verweilen ein. Wenn im Herbst das internationale Film Festival und das Aloha Festival mit Musik, Tanz, Kultur und farbenfrohen Umzügen gefeiert werden, dann ist hier, im wahrsten Sinne des Wortes, die Hölle los.

* * *

Als Captain James Cook Big Island anlief und in der Kealakekua Bucht getötet wurde, herrschte Kalami'opu'u über die große Insel. Er war der Erzählung nach der dreiundzwanzigste Häuptling in Folge. Streitigkeiten über die Nachfolge waren auf der Insel ausgebrochen, als Pai'ea, einer der Neffen Kalami'opu'us, 1782 die Herrschaft an sich riss. Er einte in fast dreißig Jahre dauernden blutigen Kriegen die acht Inseln Hawaiis. Ab 1810 war er alleiniger Herrscher. Von nun an nannte er sich Kamehameha I., der Ruhige, und nahm nach englischem Vorbild als Souverän den Titel König an.

1845 machte Kamehameha III. Honolulu zur Hauptstadt des Königreichs. Er zog in die Residenz des damaligen Gouverneurs von Oahu im heutigen Downtown Honolulu, einem im englisch-kolonialen Stil erbauten Gebäude. Dieses erhielt im Lauf der Zeit den Namen 'Iolani, was „edler, himmlischer Bussard" bedeutet. Da auf Dauer zu klein, wurde an seiner Stelle 1882 der heutige Palst erbaut.

Das Königreich Hawaii endete mit dem Sturz Lili'uokalanis, der letzten Königin der Inseln, unter Federführung des Amerikaners Sanford Dole, der eine Republik und schließlich die Annexion durch die Vereinigten Staaten anstrebte, was 1898 formell vollzogen wurde. 1959 schließlich wurde Hawaii 50. Staat der USA.

'Iolani Palace

Der 'Iolani Palast befindet sich im historischen Viertel in der South King Street; davor eine Statue Kamehamehas I., vergleichbar jener in seinem Geburtsort Kapa'au auf Big Island.

Dahinter residiert der Gouverneur im scheußlich neuen State Capitol, wo auch das Parlament tagt.

Einen zehnminütigen Fußweg davon entfernt bietet der Aloha Tower am Hafen einen weitreichenden Rundblick über die Altstadt, die Hochhaustürme des Bürodistrikts und die Honolulu umgebende Berglandschaft bis hin zum Diamonds Head am südöstlichen Ende der Insel.

Chinatown, eine der ältesten Ansiedlungen dieser Art in den Staaten, liegt nur wenige Schritte westlich vom Aloha Tower. Dieser Bezirk ist irgendwie aufregender und geheimnisvoller und ganz anders als das übrige Hawaii. Viele Straßen und Häuser verströmen noch immer den Charme der klassisch alten chinesischen Architektur. Tag und Nacht herrscht dort eine quirlige und bunte Atmosphäre. Das ehemalige Restaurant Wo Fat, das 1882 in der North Hotel Street erbaut wurde, gilt wegen seines typisch chinesischen Baustils inzwischen als sehenswerte Historic Landmark. Es beherbergt heutzutage einen einfachen Super Market.

Auf halben Weg dorthin befindet sich in der Merchant Street das alte, rote Eckhaus des 1890 gegründeten Royal Saloons. Rund 150 Jahre hoben dort

Seeleute und Einheimische ihre Gläser. Das schlichte Backsteingebäude mit seinem Eingang an der Straßenecke macht durch seine Halbsäulen aus grau-weißen Stuck und ein üppiges Dachgeländer auf sich aufmerksam. Heute lädt dort MURPHY'S Bar & Grill zum Lunch und Diner einlädt.

Royal Saloon   Wo Fat

Einen Besuch lohnen auch der Kuan Yan Tempel und der Izumo Schrein und die zahlreichen Dim Sum Restaurants.

* * *

Wer von Honolulu zur Nordküste will und über den Highway 1 fährt, kommt zunächst an Pearl Harbor mit dem Historic Sites Visitor Center vorbei. Völlig unerwartet griffen japanische Kampfflugzeuge im II. Weltkrieg in den Morgenstunden des 7. Dezember 1941 den Flottenstützpunkt der USA auf Hawaii im sicher gemeinten Hafen an. Ein unbeschreibliches Inferno entstand. Nahezu alle Schlachtschiffe der Amerikaner wurden versenkt oder zerstört und 164 Flugzeuge vernichtet. 2400 Soldaten und Zivilisten verloren ihr

Leben. Über dem untergegangenen Schlachtschiff USS Arizona, dem damaligen Stolz der Marine, wurde eine Gedenkstätte errichtet, der meistbesuchte Ort auf Oahu.

Ein Stück des Weges weiter nach Norden, zunächst noch auf dem Hwy 1, dann auf dem Hwy 2, befinden sich zwei in äußerst unterschiedlicher Weise geschichtsträchtige Orte, die Geburtsfelsen von Kukaniloko und die Dole Plantation.

Auf dem hohen Sattel zwischen den Waianae Mountains und der Koolau Gebirgskette liegt der „Kreissaal" vergangener Zeiten, ein hoch verehrter Ort der Hawaiianer. Jahrhundertelang brachten viele Frauen der Häuptlinge, der

Die heiligen Steine von Kukaniloko

Ali'i, und anderer Noblen auf den für sie heiligen Steinen ihre Kinder zur Welt. Der Besucher muss keine große Vorstellungkraft entwickeln, um nachzuvollziehen, wie hier die Frauen niederkamen. Warum gerade dieser heute

38

so frei liegende, offene Ort in luftiger Höhe mit Blick auf den Pazifik ausgewählt wurde, bleibt ein Geheimnis der polynesischen Vergangenheit.

Rings um die Birthing Stones breiten sich große Ananasfelder aus. Sie erinnern an die goldene Zeit der Massenproduktion der Königin der Tropenfrüchte in Hawaii. Stachelige, blau-grüne und fleischige Blattspitzen recken sich millionenfach in die Luft; darunter die schmackhafte gelb-grüne Frucht. James Dole, der Vetter des ersten Gouverneurs von Hawaii, Sanford Dole, führte Ananaspflanzen aus Südamerika ein, kaufte ein zunächst bescheidenes Areal von 3,5 ha und begann den Anbau im großen Stil auf der noch heute aktiven Dole Plantation. Im nahen Ort Wahiawa errichtete er die erste Konservenfabrik, einige Jahre darauf in Honolulu eine zweite.

Dole Plantation bei Wahiawa

Heute lädt das feuerrote Dach von Doles, unter dem sich ein Informationszentrum und große Verkaufsräume befinden, zu einem Besuch ein. Allerlei

39

Wissenswertes über den Anbau von Ananas und die verschiedenen Sorten verkünden mehrere Schautafeln. Wer mehr Zeit investieren will, fährt mit dem Pineapple Express durch die Plantage oder spaziert durch die weiten Gärten, in denen nicht nur Ananas wachsen, sondern weitere exotische Pflanzen, wie Bananen, Kaffee, Kakao, Mango und Papaya gedeihen.

* * *

Der Kamehameha Highway 99 führt von Wahiawa hinunter zur North Shore und dem in die Jahre gekommenen, leicht verträumten und doch charmanten Ort Haleiwa, der Anfang des 20. Jahrhunderts prosperierte, als noch Zuckerrohr in großem Stil angebaut und vor Ort raffiniert wurde. Heute tummeln sich dort Surfer, die in einschlägigen Geschäften nach den neuesten Brettern Ausschau halten und sich an den Imbisswagen stärken, bevor sie zu ihren Lieblingsbuchten aufbrechen, der Waimea Bay, dem Ehukai Beach und dem Sunset Beach.

Surfboard Shop in Haleiwa

In die Waimea Bay mündet das Flüsschen Waimea River, das im gleichnamigen Tal entspringt. Dort machen Schilder auf ein bedeutsames kulturelles Zentrum für die Hawaiianer und einen botanischen Garten aufmerksam. Ein Rundweg führt durch die Anlage. Nahe dem Eingang steht der dem Gott des Friedens und der Fruchtbarkeit gewidmete Hale o Lono, ein als Heiau bezeichneter Tempel, dessen Grundmauern Mitte des 15. Jahrhunderts gesetzt wurden. Hier werden noch immer traditionelle Riten abgehalten.

Ein Stück des Weges weiter hinein in das Tal stößt man auf eine Ansammlung unterschiedlich geformter und teils behauener Stein; ein für den Gott der Fischer, Ku'ula, errichteter, offener Schrein, in dem nach dem Fang Dankesopfer dargebracht wurden.

Ganz in der Nähe wurde eine Siedlung aus Holzstämmen, Gras und Fiber der Kokosnussbäume nachgebaut. Gleich daneben befinden sich zu einem Grabhügel aufgeschichtete Steine, ein Hale Iwi, ein Haus der Gebeine. Und zahlreiche weitere Mauern und Steinterrassen erinnern daran, dass in diesem Tal Landwirtschaft in großem Stil betrieben wurde. Angebaut wurden vor allem Taro-Wurzeln, Süßkartoffel und Bananen.

Am Ende des Pfades stürzt das Wasser über Felsklippen 14 m hinunter in das Tal und formt einen kleinen, idyllischen See – eine früher heilige Stätte. Denn frisches Wasser, ka wai ola, das Leben spendende Wasser, wurde hoch verehrt und wird es auch heute noch.

Auf dem Rückweg können Interessierte in einem botanischen Garten zahlreiche endemische Pflanzen Hawaiis und der Südsee bewundern, wie Ohi'a Lehua mit roten Blüten, riesige Koa, die größten Bäume der Inselgruppe, die einzigartige Vulkanpalme, einheimische Farne, gelben Hibiskus, die Staatspflanze Hawaiis, blaue Lobelien und die bis zu 4 m hohen Pukiawe-Bäume, Styphelia tamaiamaiae, mit schmalen, nadeligen Blättern und violett-roten Früchten.

Auf einer kleinen Bühne inmitten des Waldes erfährt der Besucher, dass der Hula ursprünglich vorwiegend von Männern bei kultischen Zeremonien getanzt wurde. Die Ukulele war noch nicht bekannt; sie wurde erst von den Europäern eingeführt. Der Rhythmus wurde auf Trommeln geschlagen, die aus ausgehöhlten und mit Haifischhaut bespannten Kürbissen bestanden. Aber auch Frauen führten Hula-Tänze auf. Ihre grazilen und ausdrucksstarken

Schrittfiguren und Bewegungen der Hände, Arme, Beine und des ganzen Körpers symbolisierten Dank und Bitten an die Götter und erzählten Geschichten aus dem Leben des hawaiianischen Volkes. König Kalakaua meinte, „Hula ist die Sprache des Herzens des hawaiischen Volkes".

Ancient Hula

Das Stakkato der Ukulele steigerte den Rhythmus der Melodien und Hollywood vervollkommnete schließlich die Musik und den Hula mit singenden Gitarren und einschmeichelnden Melodien zu einem heute mehr unterhaltsamen und erotisch anmutenden Tanz.

Draußen am Strand von Waimea kämpfen die Surfer mit den Wellen. Die Hochsaison dauert von Ende Oktober bis Ende Februar. Die Wellen sind in dieser Zeit des Jahres am größten und erreichen Höhen bis zu 10 m, manche sogar bis zu 15 m. Zahlreiche Wettkämpfe werden ausgetragen und die Fans dieses Sports reisen von allen Teilen der Welt an.

Am berühmtesten ist der „Triple Crown Surfing Contest". Wer diesen Wettbewerb gewinnt, kann sich als König der Surfer fühlen. Je nach Wellenlage wird die Qualifikation von Ende Oktober bis Anfang November am Sunset Beach ausgetragen; am nördlichsten der Strände. Der erste Wettbewerb findet Mitte November am Haleiwa Beach statt, der zweite Ende November bis Anfang Dezember wieder am Sunset Beach und das Finale wird schließlich im Dezember am Ehukai Beach veranstaltet. Dort warten die Surfer auf die Welle ihres Lebens – auf eine von links nach rechts sich drehende Röhre, eine Pipeline, oder eine aus der Gegenrichtung heranbrausende, Backdoor genannte Tube. Die Pipeline entsteht am häufigsten, weshalb der Ehukai Beach auch Banzai Pipeline genannt wird. Banzai ist dabei der japanische Hochruf, der „Freude und Glück für 10.000 Jahre" bedeutet.

Der Kampf in der Röhre

Kleinere Wettbewerbe finden am Waimea Beach die ganze Saison über statt. Höhepunkt ist dort jedoch „The Eddie", ausgetragen zwischen Dezember und Februar, wenn die Wellen 9 bis 12 m erreichen. Benannt wurde der

43

Wettbewerb nach Eddie Auikau, dem ersten Rettungsschwimmer von Waimea, der mehr als 500 Menschen das Leben rettete und als Surfer selbst mehrere bedeutsame Wettbewerbe gewann. Tragischer Weise blieb Eddie Auikau vor der Hawaii-Insel Lanai verschollen, als er nach dem Kentern eines Doppelrumpf-Kanus versuchte, auf einem Surfbrett paddelnd die Küste zu erreichen, um Hilfe zu holen.

An der Nordspitze Oahus lohnen zwei kleinere Buchten und Strände einen Ausflug, der Kawela Beach und die Kuilima Cove beim Turtle Bay Resort. Dorthin zieht es auch Heiratswillige, die ihre Hochzeit im Wedding Pavillon des Hotels ausrichten möchten.

Auf dem Weg zur Trauung

Die einen bevorzugen eine Zeremonie direkt am Strand auf einer der Inseln in schlichter Kleidung, vielleicht am Waikiki Beach, die anderen werfen sich in Schale, also sie im langen weißen Brautkleid und er im Smoking oder gar Cutaway. Viele Hotels bieten eine klassische, hawaiianische Hochzeit unter

44

Palmen oder sonnengeschützt unter einem Zeltdach mit Leis für das Braut-
paar und die Gäste, einem Muschelbläser, der den Beginn der Trauung an-
kündigt, mit Musik, Gesang und Hula-Tanz und einem mehrgängigen Lunch
oder Dinner, je nach Tageszeit. Und wer besonders tief in die Geldtasche zu
greifen vermag, der entscheidet sich zum Beispiel für den Pavillon im Turtle
Bay Resort oder für die Kapelle im Park des Grand Wailea auf Maui.

* * *

Mehrere Straßen verbinden Honolulu mit der Ostseite Oahus – jede für sich
mit spektakulär zu bezeichnenden Abschnitten.

Hanauma Bay – Krumme Bucht

Die Kalakaua Ave direkt hinter dem Waikiki Beach führt zunächst nach
Süd-Osten zur Diamond Head Road. Auf dieser geht es am Meer entlang weiter, vorbei am Diamond Head Lighthouse und dem Beach Park und durch ein
Wohnviertel zum Kalaniana'ole Hwy. Nach einer Fahrt von etwa 30 Minuten
weist ein Schild auf den Parkplatz der Hanauma Bay hin – ein absolutes Muss
für jeden Naturliebhaber und Taucher mit Schnorchel-Ausrüstung; für viele
der Höhepunkt ihres Hawaii-Aufenthalts. In einem zum Pazifik hin offenen
Krater eines erloschenen Vulkans umspülen die Wellen bunte Korallenriffe,
zwischen denen sich zahlreiche tropische Fische, Seeigel, Seesterne und

Krebse tummeln und Schildkröten umherschwimmen. Palmen am Strand spenden Schatten für die Ruhepause. Einziger Nachteil: Die Bucht ist oft schon am Vormittag wegen Überfüllung geschlossen. Also früh aufstehen und früh anreisen. Der Park öffnet bereits um 6 Uhr (außer am Dienstag).

Der Kalaniana'ole Hwy führt weiter zum Makapu'u Point, der Süd-Ost-.Spitze von Oahu, und kurz danach zum Makapu'u Beach. Dieser Strand wird von Body Boardern geschätzt, von Surfern wegen seiner häufig hohen und nicht berechenbaren Wellen eher gefürchtet.

Mutige Surfer am Makapu'u Beach

Wer mit seinem Wagen direkt zur Ostküste fahren möchte, kann entweder den Hwy 61 oder den Hwy 63 nehmen. Am Hwy 61, dem Pali Highway, liegt die Sommerresidenz von Queen Emma am Eingang zum stets kühlen Nu'uanu Tal. Emma war mit Kamehameha IV. verheiratet. Geschichtlich Interessierte sollten hier einen Halt einlegen. Der lange Name des kleinen Palastes, Hanaiakamalama, sollte nicht abschrecken. Erstaunliche Artefakte können bewundert werden.

Einige wenige Meilen weiter lädt eine Abfahrt zu einem Halt am Nu'uanu Pali Lookout ein. Dort erschließt sich einem ein märchenhafter Blick auf schroffe Berghänge und eine weithin zum Meer abfallende grüne Landschaft der Windward Coast, der Luvseite. Kurz danach beginnt der nach Norden führende Kamehameha Hwy 83, der ab dem Ort Kane'ohe Kahekili Hwy heißt. Dieser kann von Honolulu aus über den Likelike Hwy 63 noch schneller erreicht werden, wenn die vorher genannten Sehenswürdigkeiten bereits bekannt sind oder nicht interessieren sollten.

Linker Hand befindet sich das Valley of the Temples mit den Grablegen des Hawaiian Memorial Parks. Vor einer majestätischen Bergkulisse breiten sich sanft gewellte grüne Hänge aus, in denen bunte Farbtupfer der Blumensträuße auf die dort Begrabenen aufmerksam machen. Unter mehreren Tempeln ist der Byodo-In die große Attraktion.

Meditierender Buddha im Garten des Byodo-In Tempels

Im 19. Jahrhundert wanderten mehrere tausend Japaner nach Hawaii aus, um sich durch Arbeit im Straßenbau und in der Landwirtschaft eine eigene wirtschaftliche Existenz zu sichern. Zur Erinnerung an die Ankunft der ersten Japaner wurde 100 Jahre später 1968 der Byodo-In Tempel als originalgetreue Nachbildung des gleichnamigen buddhistischen Tempels in Uji bei Kyoto aus Holz ohne Nägel erbaut. In der mittleren großen Halle sitzt ein 5 m hoher vergoldeter Buddha, der den jenseitigen Amitabha als Buddha des reinen und unermesslichen Lichts verkörpert. Hinter dem Tempel ragen die Koolau Berge auf, davor spiegelt sich die Sonne in einem Teich, in dem Koi-Fische als Symbol der Liebe und Freundschaft schwimmen. Ein Kiesweg führt vom Parkplatz über eine typisch japanische Holzbrücke in die Gartenanlage. Nach japanischem Vorbild sollte jeder Besucher sein Kommen mit der heiligen Glocke Bon-Sho mit einem Stoß am tonnenschweren Holzklotz ankündigen. Ihr tiefer Klang erfüllt lang anhaltend das ganze Tal.

* * *

Hibiskus-Blüten

Überall auf den Inseln Hawaiis ziehen Blüten in reicher Zahl die Aufmerksamkeit auf sich. Endemische, nur in Hawaii vorkommende Büsche, Sträucher, Bäume, Orchideen und kleinere Blühpflanzen faszinieren durch ihre bunte Pracht, allen voran der gelbe Hibiskus ma'o hau hele – ein Nationalsymbol des Inselstaates. Insgesamt sieben Sorten gelten als endemisch; unter ihnen auch der rote Hibiskus kokio. Der im grobfeinen Vulkangestein rot blühenden Knöterich Pawale Rumex skottsbergii wurde am Rande des Kilauea gesichtet. Eine der beiden nur auf Hawaii heimischen Palmen, die Brighamia insignis bevorzugt vergleichbare Standorte, weshalb sie auch als Vulkanpalme bezeichnet wird.

Blüten der Vulkanpalme

Sie ist kleinwüchsig, erreicht gerade einmal eine Höhe von etwa 1 m und weiß mit ihren leuchtend gelben Blüten Insekten anzulocken.

Die Hawaiipalme Pritchardia kaalae ist dagegen hochstämmig. Sie wächst ausschließlich auf der Insel Oahu im Makua Tal der Waiʻanae Berge westlich von Honolulu und bevorzugt auf der Leeseite die mehr trockenen Wälder in der Nähe kleiner Quellen. Leider kann dieses Tal nicht besucht werden, da sich dort militärisches Übungsgelände befindet, das für Einheimische wie Touristen gesperrt ist. Da sie vom Aussterben bedroht ist, wird sie im National Tropical Botanical Garden auf Kauai kultiviert. Die Hawaiianer nennen ihre Palme Loulu. Sie ist eine Fächerpalme und kommt in Unterarten auch auf den anderen Inseln Hawaiis und im Südpazifik vor.

Eine Geschichte voller Mystik und Liebreiz rankt sich um eine weitere, ganzjährig blühende Pflanze, die in Strandnähe wachsende Naupaka kahakai, von der es eine in den Bergen gedeihende Abart gibt, die Naupaka kauihiwa. Jede von ihnen entwickelt aus den Knospen Blüten, die einer halben Blüte gleichen. Wenn zwei gepflückt und zusammengefügt werden, bilden sie eine volle runde Blüte ab.

Mehrere Legenden ranken sich um diese sonderbaren Blüten. Eine erzählt, dass sich in alter Zeit die Prinzessin Naupaka in den Fischer Kaui verliebte und beide sich treu ergeben waren. Doch Naupaka war es verboten, einen Mann zu heiraten, der nicht von adeliger Geburt war und Pele, die Göttin des Feuers, eifersüchtig auf die Prinzessin, da sie selbst den jungen Mann begehrenswert fand, beschloss die Trennung der beiden. Diese begaben sich daraufhin zum Kahuna, dem höchsten Priester. Doch auch dieser konnte ihnen nicht helfen. So wurde Naupaka unendlich traurig. Als sie sich schließlich von Kaui trennte, zerriss sie die Blume in ihrem Haar, gab die eine Hälfte ihrem Geliebten mit auf dem Weg ans Meer, während sie sich mit der anderen Hälfte in die Berge zurückzog. Als die Pflanzen, von der diese Blüte stammte, sahen, wie die beiden mit gebrochenem Herzen und großem Leid getrennte Wege gingen, begannen sie nur noch halbe Blüten hervorzubringen.

Blüten der Naupaka

Zwischen den fleischigen Blättern sprießen kleine weiße Blüten hervor mit nur fünf nach unten zeigenden weißen Blütenblättern. Wenn sich heutzutage ein junges Paar ineinander verliebt und sie wie auch er eine Blüte pflückt, um sie so aneinander zu halten, dass eine ganze Blüte mit zehn Blättern entsteht, dann sollen sie für einander bestimmt sein und ihre Liebe soll ewig halten.

* * *

Einen erinnerungsstarken Abschluss eines Aufenthaltes auf Oahu verspricht ein Besuch des POLYNESIAN CULTURAL CENTER. Originalgetreue Dörfer repräsentieren die polynesischen Kulturen von Samoa, Tonga, Fiji, Tahiti, Hawaii und Aotearoa, was ‚Land der großen weißen Wolke' bedeutet und die Bezeichnung für Neuseeland ist, sowie den Marquesas-Inseln und von Rapa Nui, den Osterinseln.

Tänzerin aus Tahiti
vor einem Tempel der Fiji und einem Tiki aus Hawaii
Fächerpalme und Südseepalme l. und Vulkanpalme r.

Das PCC wird von der Church of Jesus Christ of Latter-day Saints (LDS) betrieben, der Kirche Jesu Christi der Heiligen der Letzten Tage, deren Gläubige gemeinhin als Mormonen bekannt sind. Die LDS unterhalten im benachbarten Ort Laie nicht nur ein großes, kirchliches Zentrum und einen Tempel, sondern auch die private Brigham Young Universität, deren Studenten, soweit sie von den polynesischen Inseln stammen, im Polynesian Cultural Center bei den Aufführungen mitarbeiten. Auf diese Weise haben die Besucher die einmalige Gelegenheit, aus erster Hand Wissenswertes über das Leben, die Bräuche und die Kultur der polynesischen Volksgruppen zu erfahren.

Verschiedene Touren werden angeboten, die zu Fuß und per Boot auf den künstlich angelegten Lagunenstraßen durchgeführt werden. Und wer es noch ausgiebiger mag, kann an einem abendlichen Luau oder an der großen Show Breath of Live im Pacific Theater teilnehmen.

Wer bei allem mit dem Herzen dabei ist, kommt bestimmt zu dem Schluss: He la nani keia la – Heute ist ein wunderschöner Tag.

Kauai – Ein Garten Eden im Pazifik

Kauai wird wegen seiner üppigen Vegetation die Grüne Insel oder die Garteninsel genannt. Den Nordwesten begrenzt eine lange und hohe Bergkette, die sehr dicht bewaldet und von vielen bis in die Täler und zu den Ortschaften reichenden Wanderwegen durchzogen ist. Seit alters her wurde die Insel reich von ihren Bewohnern bepflanzt.

Mehrere Flüsse ergießen sich in den Pazifik und die Bergwelt als auch die meisten Küstenabschnitte bieten außergewöhnliche, geradezu einmalige Naturschönheiten.

Anfang der 1990-er Jahre verwüstete ein ungeheurer Wirbelsturm den Großteil der Insel. Bäume wurden entlaubt oder ganz gefällt und zahlreiche Wohnhäuser und Hotels völlig zerstört. Doch die Natur heilte rasch ihre Wunden und die Bewohner beeilten sich beim Wiederaufbau. Da auch endemische, also heimische Pflanzen bedroht waren, bemühen sich Wissenschaftler bis heute, in botanischen Gärten diese Pflanzen zu bewahren, sie zu kultivieren und wieder auszupflanzen.

Kauai und die anderen großen Hawaii-Inseln liegen zwischen dem 19. und 22. Breitengrad etwa 130 bis 500 km südlich des Wendekreises des Krebses und damit in den Tropen. Durch den beständig wehenden Nord-Ost-Passat herrscht ganzjährig ein mildes Klima mit Tagestemperaturen etwa zwischen 27 und 32 ° C. Auf der dem Wind zugewandten Ostseite der Inseln regnet es häufig, während die West- und Südseiten verhältnismäßig trocken bleiben.

Besonders ausgeprägt ist diese Situation auf Kauai, der ältesten Insel der ganzen Gruppe. Dort fallen an den Hängen des höchsten Berges Kawaikini und dem benachbarten Wai'ale'ale die höchsten Niederschläge des Archipels, wobei am Wai'ale'ale der jährliche Durchschnitt bei 12 m Regen liegt, der Rekord bei über 17 m. Sein blumiger hawaiischer Name bedeutet deshalb auch „plätscherndes oder überlaufendes Wasser". Nach den langjährigen Wetteraufzeichnungen regnet es am Wai'ale'ale an 335 Tagen und der Gipfel des Berges ist fast immer von Wolken bedeckt. Wer ihn einmal völlig frei zu Gesicht bekommt, der darf sich glücklich schätzen.

Tektonische Verwerfungen und die starken Regenfälle schnitten tiefe Täler in die Flanken des Bergmassivs, von denen der sich nach Westen erstreckende Waimea Canyon große Berühmtheit erlangte. Auf Grund seiner Länge von

26 km und Breite von 1.5 bis 3.2 km bei einer Tiefe von bis zu 1.100 m wird er auch als Grand Canyon des Pazifiks bezeichnet.

Der Wai'ale'ale mit einem Hochmoor im Vordergrund

Die Straße von Lihue, dem Hauptort der Insel, zum Waimea Canyon führt an mehreren sehenswerten Orten vorbei. Gleich südlich des Flughafens kann der Besucher des exklusiven Kalapaki Strandes einen großartigen Rundblick über die weite Nawiliwili Bay, den Yacht- und Überseehafen und die südwestliche Huleia-Hügelkette bis hin zu den beiden mächtigen Regenbergen im Landesinneren genießen.

Der kleine Fluss Huleia Stream ergießt sich beim Hafen in die Nawiliwili Bucht. An seinen Ufern, nur etwa 800 m vor der großen Bucht, hoben die unbekannten ersten Einwohner Kauais einen großen Fischteich aus, den sie mit handwerklichem Geschick durch eine 270 m lange, von Büschen überwucherte Steinmauer vom Fluss trennten. Über eine auf der Strömungsseite des Flusses in die Mauer geschnittene Schleuse für den Zufluss und Entwässerungskanäle kann der Wasserstand bis heute reguliert werden.

Der von den Hawaiianern Alekoko genannte Teich wird auch als Menehune Fishpond bezeichnet, nach den rätselhaften ersten Menschen, die den hawaiischen Archipel vor langer Zeit erreicht haben sollen – so die Legende. Eine andere besagt, dass der Name vom tahitianischen Wort „Manahune" abstammt, was „gewöhnlichen oder niedrigen sozialen Ranges" bedeutet, und sich nicht auf eine kleine Statur bezieht.

Menehune Fischteich

Nach Meinung der Wissenschaftler waren sie keine Polynesier, denn diese landeten wie bekannt in zwei großen Wellen zuerst von den Marquesas Inseln und dann von Tahiti kommend. Doch wer waren sie? Woher kamen sie? Drei große Volksgruppen werden im Großraum des pazifischen Ozeans unterschieden, die Polynesier, die Mikronesier und die Melanesier. Erstere scheiden, wie gemutmaßt wird, aus. Die Melanesier sind auf Neuguinea und den Inselgruppen der Fidschis, der Salomonen und auf Vanuatu beheimatet. Sie orientierten sich auf ihrer Wanderung über das Meer nach Süden und Südosten und bewohnen Inseln, die am weitesten von Hawaii entfernt sind.

Die Inselgruppen der Mikronesier dagegen liegen verhältnismäßig nahe. Es sind Guam, Palau, die Marianen und die Marshallinseln und Kiribati. Zwei Gründe sprechen jedoch gegen sie. Die Mikronesier sind groß von Wuchs, mit den Polynesiern verwandt, jedoch mit dunklerer Haut. Schließlich hätte sie der aus Nordost ständig und kräftig heranwehende Passat bei einem Entdeckungsversuch nach Süden abgetrieben.

Waren die Menehune also doch Melanesier? Sie sollen sehr klein gewesen sein, zwergenhaft, von dunkler Hautfarbe und mit üppigem Kraushaar, wie eine weitere Legende überliefert. Dieses Bild würde eher zu den Melanesiern passen; noch mehr zu den Waldmenschen der Molukken, die mit den Papuas und Altmalaien verwandt sind.

Rätsel über Rätsel. Wo auch immer sie herkamen, ihre Spuren reichen in die Zeit zwischen 300 und 500 n. Chr. zurück, in der bereits der große Fischteich, die Schleusen und Wassergräben gebaut wurden. Polynesier waren in diesem Zeitraum noch nicht auf Hawaii – so die verbreitete Meinung. Es könnte aber auch eine erste Gruppe, eine Vorhut gewesen sein. Wer weiß!?

Der Aussichtpunkt oberhalb des Fishponds der Menehune kann über die Nawiliwili Road und die von ihr abzweigende Niumalu und Hulemalu Road erreicht werden, übersetzt über die sich ‚windende‘ Straße am ‚Palmenhain‘. Der Name des Teichs, Alekoko, bedeutet ‚Höhle des reichen Wassers‘. Was für eine farbige Sprache!

Sumpfgebiete und Regenwälder bedecken das vom Huleia-Fluss tief eingeschnittene Tal. Er wird von mehreren Bächen gespeist, die von der steilen Felswand des Haupu-Massivs herabstürzen und Asche eines längst erloschenen Vulkankraters mit sich führen. So ist der hawaiische Name Huleia des Flusses zu verstehen, der „weicher Fels“ bedeutet.

Direkt an den Menehune Fishpond grenzt ein National Wildlife Refuge, ein Wildschutzgebiet für gefährdete Wasservögel an, das sich weit flussaufwärts erstreckt. Der Zutritt ist Wanderern nicht erlaubt. Wer Interesse hat, kann sich jedoch einer Kayak-Tour auf dem Huleia anschließen und mit etwas Glück ein Hawaii-Blässhuhn, einen Hawaii-Wasservogel, eine Hawaii-Stelze oder eine Hawaii-Ente entdecken. Sie alle sind endemisch und vom Aussterben stark bedroht.

Blesshuhn, Wasservogel oben und Ente, Stelzenläufer unten

Im Regenwald dahinter muss man sich nicht vor wilden Tieren fürchten. Raubkatzen, Schlangen und giftige Spinnen gibt es auf den Inseln von Hawaii nicht. Die Polynesier brachten Schweine, Hunde und Hühner als Nahrung mit. Einige von ihnen büxten aus und leben wild in den Büschen und Bergen. Eine Begegnung gilt als selten. Das trifft auch auf den einheimischen Habicht zu, den Io. Dafür ist das Zwitschern kleiner Vögel häufig zu hören, das krächzende Streiten des aus Indien stammenden Mynah und auch die Schreie der schwarz gefiederten Tropenvögel mit ihrem auffallend weißen Schwanz.

* * *

Vom Aussichtspunkt oberhalb des Fischteiches kann bergauf über die Hulemalu Road der Highway 50 erreicht werden. Dieser erschließt den Süden und Süd-Westen der Insel. Nach kurzer Strecke führt die Maluhia Road 520 direkt nach Süden. Die Straße ist dicht von Eukalyptusbäumen bewachsen, deren kräftige Kronen zusammengewachsen sind und einen langen Tunnel bilden, dessen Blätterdach nur flackernd das Sonnenlicht durchlässt.

Über Koloa geht es hinunter zur Küste mit dem Shipwreck Beach. Dieser Abschnitt trägt seinen Namen nicht von ungefähr, denn in Sichtweite zu den Klippen ist schon manches Schiff im Sturm an den Riffs zerschellt.

Shipwreck Beach beim Sonnenaufgang

Die Bebauung im benachbarten Süden wurde zwar von Jahr zu Jahr dichter, doch die feinsandigen Strände von Brennecke's, Poipu, Kiahuna und Lawa'i behielten ihren Reiz. Namhafte Hotels haben hier Resorts mit allen Annehmlichkeiten errichtet, Tennisspielern stehen zahlreiche Plätze zur Verfügung und auch die Golfer finden hier sportliche und landschaftlich schöne Courses.

Über die Lawai Road geht es noch weiter zum Spouting Horn beim Ort Koloa. Dort lässt jede anrollende Welle eine gewaltige Wasserfontäne durch eine unterirdische Höhle in die Höhe spritzen, die von einem lauten Röhren begleitet wird – ein Schauspiel, das einen immer wieder in seinen Bann zieht.

Spouting Horn

Kurz vorher und gegenüber befindet sich der Eingang zum National Tropical Botanical Garden, kurz NTBG. Gleich zwei Anlagen warten auf den Besucher, der McBryde Garden und der Allerton Garden. Beide veranstalten Führungen mit Kleinbussen. Auch „Selbst geführte Touren" sind möglich und im McBryde Garden erschließt ein Spaziergang auf dem „Walk among the Natives" die Vielfalt der Welt einheimischer, endemischer Pflanzen Hawaiis.

Hier kann man ein Stück Hawaii genießen, das es so in den Tälern der Inseln nicht mehr gibt.

Vor der Ankunft der Polynesier wuchs auf den Inseln nur eine einzige Palmensorte, die Loulu mit ihren großen Fächern. Sie steht hier in einem Meer von hawaiischem Borretsch, der Hinahina genannt wird. Auf dem Rundgang sind die zur Blume Hawaiis erkorene Ma'o hau hele, der gelbe Hibiskus, und die roten und weißen Verwandten, koki'o, aloalo und ke'oke'o zu sehen. Der weiß blühende Kaffeebusch Alahe'e steht in Gruppen, auch die Hawaii Vulkanpalme Brighamia insignis ist zu sehen, die weiße Gardenia brighamii, bei den Hawaiianern als Nanu bekannt, verströmt einen betörenden Duft und der kostbare Ohi'a lehua Baum verzaubert mit seiner reichen roten Blütenpracht. Das Silberschwert Iliau macht einen traurigen Eindruck, wenn die Blüte verwelkt ist. Dafür glänzen der knorrige und stachelige Wiliwili Baum und das Falsche Sandelholz Naio. Aus den Blüten des 'Ilima binden die Hawaiianerinnen ihre Leis und der Ma'o macht dadurch auf sich aufmerksam, dass seine Blüten mehr grün als gelb leuchten, weshalb die Amerikaner den Baum „Yellow Green" nennen. Auch hier wächst der Naupaka-Busch. Er ist mehrfach im Gelände des Gartens zu finden und erinnert an die Göttin Pele, die zwei jungen Menschen aus Eifersucht ihre Liebe nicht gönnte.

Die Götter standen den Hawaiianern nahe, sie bestimmten ihr Leben, das oft von Stürmen oder Vulkanausbrüchen bedroht wurde, deren Ursachen sie nicht kannten, unter deren Auswirkungen sie jedoch litten. So war für sie die Blüte des Ohia ein Symbol der Feuergöttin Pele. Kein Wunder, wenn man die Blüte genauer betrachtet, aus der die Pollenständer wie herausgeschleuderte Lava aus feuerroten Blütenblättern hervorstoßen. Den Ti, auch Lai oder Ki genannt, verehrten sie als heiligen Baum des Gottes Lono. Er war Sinnbild der Fruchtbarkeit. Opfergaben hüllten sie deshalb in Blätter des Ti und noch heute wickeln die Hawaiianerinnen Speisen in diese Blätter, um sie im Imu, dem mit Steinen ausgelegten Erdofen zu garen.

Riesige Koa Bäume stehen am Rande des botanischen Gartens. Sie bedecken auch weite Flächen des Berglands der Insel und der sich zum Meer hin öffnenden Täler. Ihr Holz wurde von den Hawaiianern sehr geschätzt. Sie fertigten daraus ihre Kanus und ihre Surfbretter, die heute alle aus Kunststoff bestehen.

Als die Polynesier von den Marquesas und Tahiti aus aufbrachen, wussten sie nicht, wo sie ankommen würden. Sie waren mutig, in der Seefahrt erfahren, doch vor ihnen lag das Ungewisse: Ein schier unendlicher und zugleich unberechenbarer Ozean, den die Europäer zu späterer Zeit den Stillen Ozean nennen sollten, der zwar wochenlange Flauten kennt, dann aber von den gewaltigsten Taifunen durchpflügt wird, die es auf den sieben Meeren gibt. Wann und wo würden sie ankommen? Niemand wusste dies. Die Polynesier führten deshalb auf ihren Kanus zahlreiche Pflanzen mit, die sie zum Überleben brauchten.

Im „Canoe Garden" werden diese „Plants of Ancient Polynesia" gezeigt. Die wichtigsten waren Taro, Süßkartoffeln, Kokospalmen, Bananenstauden, Zuckerrohr und die Brotfrucht.

Taro heißt die Pflanze heute, Kalo nannte man sie früher. Aus der stärkehaltigen Knolle dieser Frucht wird ein Brei angerührt, der so gegessen oder als Beilage zu Fleisch oder Fisch gereicht wird. Ein alter Spruch sagt: „Wer behauptet, Poi, der Tarobrei würde ihm schmecken, der ist entweder Hawaiianer oder ein Lügner."

Die mitgebrachten Pflanzen dienten den Neu-Hawaiianern nicht nur der Nahrung, sondern auch für die Herstellung von Medizin, Körben, Fäden für Kleidung, Schnüren und Seilen. Gift gewannen sie aus den Auhuhu Büschen, die Tephronin enthalten, wie der lateinische Name Tephrosia purpurea besagt. Damit betäubten sie Fische, um diese leichter fangen zu können.

Wer eine Erfrischung im Meer als Abschluss seines Rundgangs im Botanischen Garten sucht, für den ist es zum Strand von Poipu nicht weit – ein sehr schöner Abschnitt an der Südküste, mit einem gepflegten Rasen und ein paar Palmen bestanden, Naupaka Büschen an den Seiten, mit Restrooms, die auch zum Umziehen geeignet sind, mehreren Duschen und einem Lifeguard on Duty, einem Bademeister also. Alles in allem ein perfekter Freistrand. Unter den Stränden der Südküste Kauais wird der Poipu zweifelsfrei als der schönste angesehen. Weitere Superlative lassen bei dem einen oder anderen jedoch Zweifel aufkommen. So wurde der Poipu von einer Juri schon einmal als einer der zehn schönsten der Staaten ausgezeichnet. Wie auch immer, schön ist er und beliebt. Allein ist man hier natürlich nicht, was niemanden stören sollte. Das kleine Riff zur Linken bietet Schutz vor den ganz großen Wellen. Gefahr droht ohnehin keine. Der Seegang ist meist gemäßigt.

Wenn sich an einer Stelle des Strandes eine kleine Menschenmenge ansammelt, wird meist neugierig eine Meeresschildkröte bestaunt, die Algen von den nahen Felsen frisst. Wie alt sie wohl sein mag, wird gerätselt, und ob sie männlich oder weiblich ist? Und wenn dann einer mit Bestimmtheit in der Stimme „male" sagt, männlich, „das erkennt man am spitzen Ende des Panzers", dann spricht der Fachmann aus ihm. „Sie können fünfzig bis sechzig Jahre alt werden. Doch das Alter ist schwer zu schätzen." Das ist dann das Ende der Weisheit.

Poipu Strand

Der Schnorchler wird seine Taucherbrille aufsetzen und in das rasch tiefer werdende Wasser hineinwaten. Das Tiefenriff ist hier etwa fünfzig bis sechzig Meter entfernt. Der Untergrund aus erstarrter und ausgewaschener Lava fühlt sich felsig an. Seesterne und Anemonen sind immer zu entdecken und kleine, bunte Fische die umherschwärmen. Vielleicht fächelt auch ein durchsichtiger Nadelfisch mit seinen Seitenflossen langsam vorbei.

Hawaii Staatsfisch Humuhumu-nukunuku-a-pua'a

Das plötzliche Auftauchen eines Humuhumu-nukunuku-a-pua'a ist die größte Überraschung, die man beim Schnorcheln rings um Hawaii erleben kann. Lustig sieht er aus, wie alle seine Artgenossen, mit seinen farbig umrandeten Lippen, die einem Kussmäulchen gleichen, den hoch oben und zugleich weit hinten am Kopf liegenden Augen und den leuchtenden, diagonalen Farbstreifen. Lagoon Triggerfish oder Picasso-Drückerfisch wird er genannt. Ob er selten oder nur scheu ist? Man bekommt ihn jedenfalls nicht oft zu Gesicht. Er ist ein Staatssymbol Hawaiis.

Wenn die Sonne zu sinken beginnt, werfen die Palmen lange Schatten. Am Horizont hebt sich gespenstisch eine Insel ab, Niihau. Sie ist in Privatbesitz. Eine weiße Familie lebt dort zusammen mit etwa hundert Einheimischen. Gemeinsam bestellen sie die Felder. Die Ursprünglichkeit der Insel soll erhalten bleiben. Fremden wird deshalb nur in Ausnahmefällen Zutritt gewährt. Weitere Geheimnisse gibt es nicht.

Über die kleine Landzunge kann man zum Waiohai Strand hinüber spazieren, dem ‚Strand der heiligen Wasser'. Eine Hotelkette hat dort einen Beach Club eingerichtet. Wie überall in Hawaii steht der Strand jedoch allen offen. Die Sonne geht mal rosa, mal rot und öfters violett unter – eine goldgelbe Stimmung ist seltener angesagt.

* * *

Wenn Schönwetterwolken einen sonnigen Tag erwarten lassen, sollte die Zeit für eine größere Tour auf dem Highway 50 nach Süden und anschließend zum Waimea Canyon genutzt werden.

In der Kleinstadt Lawai steht das ehrwürdige, renovierte Gebäude der Old Hawaiian Trading Post, das heute einen Juwelier beherbergt. Er soll die schönsten Leis aus den seltenen Kaurimuscheln herstellen, die es in dieser Formvollendung nur in den Gewässern rings um Niihau gibt.

Rechts und links der Straße wird Zuckerrohr angebaut und irgendwo liegen auf dieser Strecke die Schlachtfelder, auf denen Kamehameha I. die widerspenstigen Krieger der Stämme Kauais 1824 besiegte und alle Inseln Hawaiis zu einem Königreich einte.

In Hanapepe befindet sich der Port Allen Small Boat Harbor. Von dort starten mehrere Veranstalter Bootstouren zur spektakulären Na Pali Küste mit Katamaranen oder Segel- und Motoryachten. Auch Hochseetouren zum Fischen werden angeboten. In der alten Hauptstraße lohnt sich ein Besuch der historischen, bunten Häuser aus der hawaiischen Gründerzeit. Darin befinden sich charmante Geschäfte und Restaurants sowie Ateliers und Galerien zahlreicher Künstler. Die „Schwingende Brücke" über den Hanapepe River hält dagegen nicht, was ihr klingender Name verspricht.

Am Ortsausgang kann man auf mehrere Salinen in der Nähe der Küste hinuntersehen. Die ältesten von ihnen sollen bereits von den sagenumwobenen Menehune angelegt worden sein, die auch den großen Fischteich in der Nähe der Nawiliwili Bay erbauten.

Eines ihrer weiteren Bauwerke kann im nächsten Ort, im ebenfalls historischen Waimea erkundet werden. Die vom Highway 50 abzweigende Menehune Road führt zu den Resten des 1,4 Meilen entfernten Kiki'a'ola, auch Menehune Ditch genannten Bewässerungsgrabens bei der Hängebrücke über den Waimea River. Die Innschrift einer Tafel lautet: „Die Reihe behauener Steine auf der inneren Seite der Straße ist ein Überbleibsel eines historischen Wassergrabens, von dem gesagt wird, er sei von den Menehune gebaut worden. Die Steine wurden vom Mokihana Valley in den nahen Bergen hierhergebracht." Das Besondere dieses Bewässerungsgrabens besteht darin, dass die 120 noch vorhandenen Basaltsteine, welche die äußere Mauer des Grabens auf einer Länge von 60 m bilden, handwerklich auf das Feinste behauen wurden – ein architektonischer Höhepunkt der Verkleidung eines Grabens mit Steinen in der damaligen Zeit.

Der an der Geschichte Hawaiis Interessierte wird in Waimea die Statue von Captain James Cook besuchen, der nahe der Mündung des Waimea Rivers im Jahr 1778 als erster Mensch der westlichen Welt hawaiischen Boden betrat und die Inselkette Sandwich Islands zu Ehren seines Gönners John Montagu, dem Earl of Sandwich und Ersten Lord der Admiralität benannte.

Auf der anderen Seite des Waimea Flusses liegen die Reste der Ruinen des Russischen Forts. Der deutsche Georg Anton Schäffer, ein im Auftrag der Russisch-Amerikanischen-Handelskompagnie unterwegs befindlicher Draufgänger, schloss mit dem Herrscher Kauais einen Protektoratsvertrag und ließ ein Fort errichten. Da die russische Regierung ihre Zustimmung verweigerte, musst Schäffer mit seinen Mannen abziehen. Wenig später wurden die Insel und das Fort von Kamehameha I. in Besitz genommen.

Der Highway 50 reicht von Waimea weiter bis zum Polihale State Park im äußersten Westen Kauais. Hier dehnt sich bis zu den Ausläufern der Na Pali Coast die trockenste, steppenartige Landschaft ganz Hawaiis aus. Der kilometerlange sehr breite, von Dünen begrenzte Strand ist meist menschenleer; er wird fast nur von Einheimischen besucht.

Die Touristen biegen meist beim West Kauai Technology & Visitor Center in den Highway 550 ein, um in den Waimea Canyon State Park zu gelangen und diesen bis zum Ende am Pu'u O Kila Lookout zu befahren – in der Tat, eine der an Ausblicken mit großartigen landschaftlichen Szenen fesselndsten Straßen der Welt und ein Muss für jeden Besucher Kauais. Schon Bernhard

Shaw war fasziniert von diesem imposanten Naturwunder und schwärmte in seinen Berichten vom Grand Canyon des Pazifiks.

Die einfache Strecke beträgt 19,6 Meilen gleich 32 km bei einem Höhenunterschied von 1.200 m. Der Canyon selbst ist etwa 22 km lang und bis zu 1.000 m tief und 1.500 m breit. Erdbeben, Vulkanausbrüche und die Erosion von Wind und Wasser formten über Jahrtausende diese gewaltige Schlucht. An den gestreiften Abhängen sind die Schichten der zahllosen Ausbrüche und Ablagerungen zu erkennen. Im Tal fließt der Waimea River, das Rote Wasser, wie ihn die Einheimischen auf Grund der Eisenoxidablagerungen tauften.

Waimea Canyon

Einen ersten Einblick gewährt der Startplatz des Iliau Nature Loop Trails kurz vor dem Meilenstein 9. Dort und an anderen Stellen an der Bruchkante wächst die endemische Hawaiian Wilkesia, eine mit den Sonnenblumen verwandte Pflanze. Sie wird Iliau genannt, gab dem Trail den Namen und blüht von Ende Mai bis August. Im September vertrocknet sie und macht dann eine traurig-schöne Gestalt. Trotzdem beeindrucken diese Pflanzen, die einmal in ihrem Leben auf einem fast drei Meter hohen Stängel riesige Blütenstände hervorbringen, die sich geisterhaft im Wind wiegen. Die endemische Iliau wird auch Grünschwert genannt. Sie ist mit dem auf Maui vorkommenden, ebenso seltenen Silberschwert verwandt.

Jahrzehnte sind vergangen, doch sind vereinzelt noch immer die traurigen Überreste des gewaltigen Wirbelsturms Iniki von 1992 zu entdecken: entlaubte Büsche und Bäume, die skelettartig trostlos und doch beeindruckend neben jenen stehen, die verschont blieben.

Wie das Wort Loop besagt, bietet sich ein Rundgang an, der spektakuläre Blicke auf den weiten und tiefen Canyon öffnet. Oft wechseln Nebelfetzen und Wolkenfelder einander im unregelmäßigen Rhythmus ab. Sie verändern den Lichteinfall und damit die Färbung der schroffen Felswände. Ein fesselndes Schauspiel. Wasserfälle mit wenig und ganz ohne Wasser sind zu sehen, was verwundert, denn eine der regenreichsten Stellen der Erde ist nur wenige Meilen von diesem Ort entfernt.

Vom Iliau Trail zweigt der Kukui Trail ab. Der schmale, steinige und oft sandig-rutschige Pfad führt bis ins Tal des Waimea Rivers hinunter mit einem Höhenunterschied von etwa 700 m; eine Tour für Geübte.

Drei weitere Aussichtspunkte erschließen ebenfalls Blicke in die Landschaft des Canyons, der Waimea Canyon Lookout beim Meilenstein 10, der Puu Ka Pele Lookout beim Meilenstein 13 und kurz schon danach der Puu Ninahina Lookout. Weitere Wanderwege führen in die Tiefe der Schlucht. Aber Achtung nach einem Regenguss. Die Rutschgefahr ist groß und ein Sturz kann tödlich enden.

Zu einem längeren Stopp lädt die Koke'e Lodge kurz nach dem dritten Aussichtspunkt ein. In einem Raum des kleinen Museums kann der Besucher auf einer Bildwand die zerstörerische Kraft des Hurrikans Iniki nachvollziehen. In einem Schaukasten machen ausgestopfte einheimische bunte Vögel auf sich aufmerksam, die zwar oft zu hören, leider aber fast nie zu sehen sind. Die Lodge selbst bietet Gelegenheit zum Imbiss und das kleine Geschäft zum

Kauf von Getränken, bevor die letzte Strecke bis zum Kalalau Lookout zurückgelegt wird. Ab jetzt steigen Herzschlag und Puls, denn auf den Besucher wartet einer der imposantesten Ausblicke, die es auf dieser schönen Erde gibt.

Eine Wahine blickt in das Kalalau-Tal ihrer Urväter

Am Vormittag haben sich oft die Nebelschwaden nicht vollständig verzogen. Sie hängen rechts und links an den steilen Wänden, geben aber bereits die Sicht auf die Brandung am 2.000 m entfernten Kalalau Strand frei. Hier, in dieser von Feinden geschützten und heiligen Bucht, siedelten die alten Hawaiianer, errichteten Hütten und pflanzten Feldfrüchte an. Vom Ke'e Beach im Norden der Insel bauten sie bereits vor etwa 700 Jahren einen Pfad entlang der Na Pali Küste, der nach elf Meilen in der Kalalau Bucht endet und heute zu den berühmtesten und zugleich beliebtesten Trails von Kauai gehört.

Der Canyon Drive endet ein kleines Stück entfernt an einem zweiten Aussichtspunkt in das Kalalau Valley, beim Pu'u o Kila Lookout.

Meist verzogen sich die Wolkenbänder rasch und geben den Nordrand des Kalalau Valley völlig frei. Der höchste Punkt des Bergkamms ist deutlich zu erkennen und der Pihea Vista, der nach einer Wanderung von etwas mehr als einer halben Stunde erreicht werden kann. Der anfangs sehr breite, ausgetretene Pfad führt zuerst hinunter auf einen Sattel. Danach wird der Weg schmäler. Sandelholz und Eisenbäume wachsen hier. Die Ohi'a zeigen ihre roten Blüten. Mächtige Koa tauchen auf, kleinere Farne dazwischen.

An der Weggabelung Pihea Junction geht es links steil zum Ziel, zum Pihea Vista, rechts führt der Pfad weiter bis zum großen Hochmoor am Fuße des Wai'ale'ale, dem Alakai Swamp.

I'iwi und Nene – Zwei Symbole Hawaiis

Die Natur ist hier beim und im Kalalau Valley unberührt und je unberührter die Natur ist, umso schöner empfingen wir sie und umso mehr nimmt sie einen gefangen.

Seit Urzeiten brachten in diesem Tal nur die Naturgewalten Veränderung. Der Regen, die Stürme, die Sonne und die Trockenheit formten im Wechsel das Land und ließen Pflanzen von großer Seltenheit und Schönheit entstehen.

Seit Jahrtausenden ist alles so, wie es jetzt ist und auch in vielen weiteren Jahrhunderten sein wird.

Ein Windhauch kühlt die Stirn. Still ist es rings herum. Die Ruhe gibt neue Kraft und Inspiration, die Bewunderung der geheimnisvollen Schöpfung verleiht Selbstvertrauen und spirituelle Energie. Zeit spielt hier auf diesem schönen Fleckchen Erde, in der auf ewig angelegten Natur, keine Rolle. Wer sie genießt, erlebt einen großartigen Höhepunkt seiner Reise.

Wer in dieser faszinierenden Umgebung einen I'iwi entdeckt, darf sich als Glückspilz preisen. Dieser kleine rote Feuerball ist der dritthäufigste Vogel der Inseln Hawaiis und eines der Staatssymbole. Die I'iwis gehören zu den Kleidervögeln, Drepanidini, saugen Nektar mit ihrem langen, gebogenen Schnabel, in dem sich eine röhrenförmige Zunge versteckt und werden etwa 15 cm groß. Finken und Stieglitze sind ihre europäischen Verwandten.

Eine Nene hier oben zu erspähen, gelingt schon häufiger. Sie ist eine endemische Meergans mit dem lateinischen Namen Brenta sandvicensis und ein weiteres Wahrzeichen des Inselstaates. Einige Exemplare halten sich häufig in der Nähe der Koke'e Lodge auf und zeigen Menschen gegenüber wenig Scheu. Nenes ernähren sich als Vegetarier ausschließlich von Samen, Gräsern und Beeren. Sie sollten deshalb nicht gefüttert werden, wie Hinweisschilder am Parkplatz der Koke'e Lodge deutlich machen.

* * *

Auf Hawaii früh morgens von einem Hahnenschrei geweckt zu werden, ist keine Seltenheit. Die ersten Polynesier, die aus der fernen Südsee hier ankamen, brachten Hühner mit. Dass diese aus den Ställen entfliehen, frei und wild herumlaufen würden und von allen geduldet werden, hatten sie nicht erahnen können. So kräht der Hahn nicht nur einmal. Laut meldet er bei seinem Harem seine Ansprüche an. Und dies nicht nur in den Morgenstunden, sondern auch tagsüber, immer wenn es ihm danach ist.

Wie wird das Wetter, lautet beim ersten Blick durch das Fenster die Frage? Die Berge sind verschleiert. Bleibt das so? Auskunft kann eine Wetterstation geben, an der eine Kokosnuss an einer Schnur hängt Die dazugehörige Tafel gibt aufschlussreiche Informationen:

> Ist die Kokosnuss nass, dann regnet es.
> Schwankt die Kokosnuss hin und her, dann ist es windig.
> Ist die Kokosnuss heiß, dann ist es sonnig.
> Ist die Kokosnuss kalt, dann ist es bedeckt.

Wird die Kokosnuss stark geschüttelt, dann herrscht Erdbeben.
Ist die Kokosnuss weg, dann war ein Hurrikan.

Auf die Frage „Wie ist hier das Wetter?" gibt es natürlich auch noch andere sinnige Antworten. So lautet die eine: „Manchmal ist es gleich und manchmal etwas unterschiedlich", und die andere „Sonniger Himmel, sanfte Brise, leichte Wellen – das sollten Sie erwarten. Und sind Sie glücklich, wenn es so gerade ist." Meist ist es so und gestern war es so und vorgestern auch schon. Schön wäre es, wenn es so bliebe. Und wenn es so bleibt und schön ist, dann sollte eine Rundfahrt über die Ostseite Kauais bis in den Norden in Angriff genommen werden. Festes Schuhwerk und, für alle Fälle, ein Regenumhang sollten zur Ausrüstung gehören. Erfahrungsgemäß werden jedoch die möglichen leichten Schauer bald vorüber sein.

Lihue, der Verwaltungssitz der Insel Kauai, hat kein besonderes Gesicht. Natürlich stehen dort ein Rathaus und mehrere Kirchen, die Feuerwehrstation, ein Geschichtsmuseum und ein Einkaufzentrum – alles mehr oder weniger farblos.

Der Kuhio Highway 56 verbindet Lihue mit den Orten der Ostküste und Hanalei im Norden. Palmen, Wälder, Felder, Wohnhäuser und einige Hotels säumen im Wechsel die Straße, die Blicke auf den Pazifik freigibt.

Vier größere und ein paar kleinere Flüsse bringen den vielen im Zentrum der Insel fallenden Regen ins Meer: im Norden der Hanalei River, im Süden der Waimea und der Hanapepe River und an der Ostküste der Wailua River. In den Tälern dieser Flüsse und vor allem dort, wo sie sich ins Meer ergießen, siedelten die Polynesier, legten Felder an, bauten Häuser und Kultstätten und hinterließen die heute noch sichtbare Spuren längst vergangener Zeiten.

Kurz vor der Brücke über den Wailua Fluss im gleichnamigen Ort Wailua zweigt der Leho Drive rechts ab zum kleinen Lydgate Park. Unter Palmen am Strand befindet sich der Hikina'a'ka'la Heiau, die ‚Stätte der aufgehenden Sonne'. Archäologische Funde deuten darauf hin, dass der Kultplatz bereits um 800 n. Chr. aufgebaut wurde, kurz nach dem Eintreffen der ersten Polynesier auf Kauai. Sie landeten bekanntlich zuerst im Waipio Valley auf Big Island. Diese Insel nannten sie Hawaii nach ihrer von Sagen umwobenen Urheimat Hawa'iki. Nach und nach entdeckten sie Maui, Oahu und die anderen Inseln, bis sie schließlich auf der westlichsten der größeren Inseln ankamen, auf Kauai. Den Namen ‚Sonnenaufgang‘ gaben sie dem Ort am Wailua River, da an dieser Stelle die Strahlen der Sonne am Morgen zum ersten Mal die Erde berühren. Noch heute verabschieden die Hawaiianer bei Hula-Vorführungen die Sonne am Abend mit langen und hohen Tönen, die sie großen Muscheln entlocken. Man kann sich lebhaft vorstellen, wie sie mit der gleichen Zeremonie einst die ersten Sonnenstrahlen begrüßten.

Die Sonne spendet Leben. Aus diesem symbolischen Grund errichteten die alten Hawaiianer vermutlich direkt neben dieser Kultstätte einen weiteren heiligen Ort, den Hau'ola, den ‚Schrei nach Leben‘. Dieser Ort war eine Stätte der Zuflucht, ein Pu'uhonua. Wer als Hawaiianer ein Gesetz übertrat oder gefangener Krieger eines feindlichen Stammes war, versuchte seinen Peinigern und dem sicheren Tod zu entkommen und einen heiligen Platz zu erreichen. Der Hau'ola war ein solcher. Schaffte der Gefangene dieses, musste er sich verschiedener Riten der Priester unterziehen. Gelang ihm auch dies, durfte er als freier Mann in sein Dorf zurückkehren – ein neues Leben war ihm geschenkt.

Das Leben mag nach unserem Verständnis für die alten Hawaiianer schwer gewesen sein. Ob sie selbst es so empfanden? Wohl kaum. Hunger mussten sie nicht leiden. Sie bauten Taro und Süßkartoffel an, kultivierten Kokospalmen und Bananen, fingen Fische und schlachteten Schweine und Hühner. Probleme hatten sie mit der Einhaltung ihrer eigenen Gesetze und mit streitbaren Nachbarn. Die Verteilung der Felder und die Auseinandersetzung um die Stammesführung konnten zu tödlichen Konflikten führen.

Die hierarchische Ordnung war streng geregelt. Häuptlinge, die Ali'i, standen zusammen mit den Priestern an der Spitze. Gefangene fremder Stämme und auch Gesetzesbrecher wurden als Sklaven gehalten. Frauen und Männer aßen stets getrennt. Bestimmte Speisen waren den Frauen untersagt. Die von den Ali'i erlassenen Gesetze, Kapu, waren ausschließlich Verbote, Tabus, die mit strengen Strafen belegt waren. Die Todesstrafe wurde häufig vollzogen. Manch einer mag sich danach gesehnt haben, dem „nur“ die Knochen gebrochen oder die Augen herausgerissen werden sollten.

Auch unsere Vorfahren, die Germanen führten Versammlungen durch, ‚Ding‘ genannt. Recht wurde gesprochen. Dingfest gemachte Gesetzesbrecher wurden verurteilt. Auf dem ‚Mal‘, dem Versammlungsplatz konnten

Verbrecher aber auch ‚freigesprochen' werden. Nicht jeder, aber manch einer bekam hier wie dort eine zweite Chance.

Nach der Brücke über den Wailua River biegt links die Kuamo'o Road ab, der Hwy 580. Nach etwa 300 m ist links der Pohaku Ho'ohanau zu sehen, ein heiliger Stein. Schwangere Frauen der Häuptlingsfamilien suchten, wie auch auf den anderen Inseln, einen so genannten Geburtsstein auf, um dort niederzukommen. Nur wenn sie ihre Kinder an diesem Stein zur Welt brachten, hatten diese die Aussicht, eines Tages Ali'i zu werden. Kaumuali'i soll der letzte Häuptling gewesen sein, der hier geboren wurde. Nach seinem Tod fiel auch Kauai unter die Herrschaft von Kamehameha I, dem König ganz Hawaiis.

Wailua ist eine wahre Fundgrube für den an der Geschichte Hawaiis Interessierten. Einige Meilen weiter landeinwärts befindet sich ein Tempelplatz, ein Heiau. In einfachster Form bestand er aus einer Erdterrasse, die von einer niedrigen Steinmauer umringt war, und vollkommener aus einer steinernen Plattform oder gar aus einer Pyramide. Der Poli'ahu war der bedeutsamste Heiau der Insel Kauai. Diese Anlage soll nach der Schneegöttin Poli'ahu benannt sein. Das klingt nicht sehr einleuchtend. Denn sie hatte als Widersacherin der Feuergöttin Pele ihr Reich auf Big Island am anderen Ende des Archipels. Auch wenn die Übersetzung dieses hawaiischen Namens sehr schwer fällt, dürfte ‚Im Herzen der sich umarmenden Steine' der Bedeutung sehr nahe kommen. Hier wurden gleich mehrere dieser Tempelplätze aneinandergereiht, die allesamt von steinernen Mauern eingerahmt, gleichsam umarmt waren.

Größere Steine im Inneren erinnern an die Standorte der Idole, an Ahnen und Götter, die verehrt und angebetet und denen Opfer dargebracht wurden. Ein fast zwei Meter hoher Götterstein symbolisiert den mystischen Mittelpunkt des Heiaus. Vor ihm wurden die Auserwählten zum Ali'i erhoben und in ihr Amt eingeführt. Holztürme standen ehemals daneben, von denen aus mit den Göttern Zwiesprache gehalten wurde. Verstarben Adelige, fanden im Heiau auch die Zeremonien für die Toten statt, deren Seelen von diesem heiligen Ort aus das Land, die Insel verließen, um im Westen ‚in die untergehende Sonne einzugehen'.

Die Zeremonien waren alle sehr farbenprächtig. Die Würdenträger trugen bunte Gewänder, die Ali'i leuchtende Federmäntel und Federhelme, die Priester mit Muscheln verzierte Masken. Fratzengesichtige Köpfe, die aus dünnen Lianen, Pflanzenfasern und bunten Vogelfedern hergestellt wurden, stellten Götter dar, wie zum Beispiel den Federgott Ki'i hulu manu oder den Kriegsgott Kuku'ilimoku, kurz Ku. Als Zeichen ihrer Würde und Macht hielten Häuptlinge Federstandarten in den Händen, deren Griffe oft aus Menschenknochen gefertigt waren. Auch die Tabustäbe, mit denen Verhaltensweisen, Gegenstände und Plätze gestenreich tabuisiert wurden, waren mit Federn geschmückt oder mit Hundehaut umwickelt.

Kriegsgott Kuku'ilimoku
Original in der ethnologischen Sammlung der Universität Göttingen

Der Maler und Zeichner John Webber begleitete Captain James Cook auf seiner dritten Reise in den Pazifik und hielt auf einem Bild ein sehr grausames Ritual fest. Zugegen waren Priester, Häuptlinge, Musiker mit Trommeln und der Entdecker. Dargestellt wurden ein in Fesseln gelegter Mensch, der geopfert werden sollte, ein Altar mit bereits geopferten Schweinen und ein Areal mit Pfählen und Schädeln; ferner ein Haus der heiligen Schätze und ein weiteres Haus, in dem die To'o Figuren aufbewahrt wurden, die man zu den sakralen Höhepunkten herausholte. Das Ereignis fand auf Tahiti statt, doch Menschenopfer waren auch auf den Inseln von Hawaii keine Seltenheit. Sie könnten ebenso auf dem Heiau Poli'ahu vollzogen worden sein. Bei derartigen rituellen Anlässen tranken die Ali'i und Priester Kava. Dieses Getränk wurde aus einer Pfefferpflanze gewonnen. Es hatte beruhigende Wirkung.

Etwa 300 m nach der Tempelanlage befindet sich der Opaekaa Falls Vista Parkplatz. Kurz danach zweigt links eine kleine Straße in den Wailua River State Park ab. Zwei Bergrücken teilen das weite Tal des Flusses, der Nounou und der Maunakapu. Ein zweiter, kleinerer Fluss, der Opaekaa stürzt ganz in der Nähe über eine hohe Doppel-Kaskade herab in den Wailua. Die Ufer, das ganze Tal und die Berghänge sind stark bewaldet. Ein Weg führt zum nahen Kamokila Hawaiian Village – einem aus Ruinen restaurierten Dorf mit gedeckten Hütten und Versammlungsräumen und Schautafeln, die Einblicke in die Lebensweise des alten Hawaii vermitteln. King Kaumuali'i soll dort in sicherer Entfernung von der Küste seine Kriegskanus aufbewahrt haben.

Im Kamokila Hawaiian Village

Ausflugsboote tuckern hier flussaufwärts. Bei gutem wie bei schlechtem Wetter sitzen stets viele Leute an Bord. Ihr Ziel ist die Farn-Grotte am anderen Ufer. Die Grotte kann auch vom Village aus angefahren werden, ebenso die nicht weit entfernten Ulu'wehi Falls, auch Secret Falls genannt, die etwas versteckt am North Fork des Wailua Rivers in die Tiefe stürzen.

Ein aufgelockerter Himmel sollte Mut machen, die Kuamoo Road ein Stück weiter landeinwärts bis zum Nounou Trail zu fahren. Der Wanderweg ist sehr schön und abwechslungsreich und ohne große Schwierigkeitsgrade.

Das braune Hinweisschild auf der rechten Straßenseite ist nicht zu übersehen: Kuamoo Nounou Trail. Der Weg führt zuerst neben Gärten und Zäunen über eine Wiese, dann in einen lichten Wald. Zwischendurch geht es bergab, dann auf der anderen Seite einer Brücke im Wald wieder leicht bergan. Nach einiger Zeit eröffnen eine erste und danach weitere Aussichtsstellen faszinierende Rundblicke über eine sattgrüne Landschaft bis hin zum Pazifik.

In unmittelbarer Nachbarschaft von Wailua liegt der Ort Kapa'a mit einem historischen Ortskern aus den Gründerjahren der Plantagenbesitzer direkt am Kuhio Highway 56.

Kapa'a Old Town

Die amerikanische Handschrift der aus Holz gebauten Häuser ist nicht zu übersehen. Das blau gestrichene Art Café Hemingway mit der Hausnummer 4-1495 aus dem Jahr 1927 lädt zu einer Pause ein. Ob sich der berühmte Schriftsteller jemals dort aufhielt?

An der Ecke zur Kukui Street stehen gleich mehrere sehenswerte, alte Häuser, das Island Hemp & Cotton Haus mit einem Geschäft für Hosen, Hemden, Leggins, Schuhe und Juwelen, das Dragon Building mit dem Restaurant Sushi Bushido und einem Yoga Studio und das rote Shido Building aus dem Jahr 1923 mit einer Kunstgalerie.

* * *

Auf dem Weg in den Norden liegen rechts die Urlaubsresorts; links grüßen die Anahola-Berge mit dem spitzen Kalalea-Gipfel in der Mitte. Mehrere Hollywood-Regisseure nutzten das bizarre Aussehen dieser Bergformation als Hintergrund von Filmszenen. So wanderte zum Beispiel Harrison Ford als Indiana Jones vor diesem Bergrücken, der auch King Kong genannt wird, da der eine oder andere Vorbeifahrende mit viel Phantasie und Erstaunen in der Silhouette des Berges den brüllenden Monster-Gorilla zu erkennen meint.

Im kleinen Ort Kilauea kann man über die Kolo Road an der Kirche vorbei und dann über die Kilauea Road hinaus zum Leuchtturm am nördlichsten Punkt der Insel fahren. Eine großartige Übersicht bietet der hoch über dem Pazifik gelegene Kilauea Point des National Wildlife Refuge. Das felsige Kap mit dem Leuchtturm und die an den Klippen der Bucht sich brechende See liegen dem Betrachter zu Füßen.

Der direkte Blick nach Norden über die Naupaka-Büsche hinweg verliert sich im schier unendlichen Horizont, hinter dem in mehreren tausend Kilometern Entfernung die Beringstraße den Pazifik mit dem Arktischen Ozean verbindet – einst das Ziel von Captain James Cook, als er auf seiner dritten Expedition Kauai verließ und weitersegelte.

In der stets bewegten Bucht tummeln sich je nach Jahreszeit Delphine und Mönchsrobben im Wasser, grüne Meeresschildkröten schwimmen bis zum Strand. Buckelwale kalben im Dezember. Auch Killerwale der Gattung Pygmy sollen hier räubern.

Ganzjährig können Flugakrobaten beobachtet werden, allen voran und nicht zu übersehen die Fregattvögel, hawaiianisch Iwa, mit einer Flügelspannweite bis zu 200 cm und einem aufblasbaren roten Kehlsack bei den Männchen;

dann die eleganten Rotschwanz- oder Weißschwanz-Tropikvögel Koa'e'ula und Koa'e'kea; die Keilschwanz-Sturmtaucher Ua'u Kani, die zum Fischen bis zu 50 m in die Tiefe tauchen können; ferner zahlreiche Rotfußtölpel, die von den Hawaiianern schlicht 'A genannt werden und schließlich Molis, das sind die auf Grund ihrer Spannweite von etwa 200 cm nicht zu übersehenden Laysan-Albatrosse, die ihre Heimat im Nordpazifik haben und auf der nicht besiedelten Hawaii-Insel Laysan 1.200 km nordwestlich von Kauai brüten.

Ein Iwa kreist über der Bucht beim Leuchtturm am Kilauea Point

Wer auf der Fahrt zurück zum Kuhio Hwy Entspannung sucht, der sollte den historischen Kong Lung Markt aufsuchen und durch die Gassen zwischen den bunten Häusern bummeln. Doch Achtung, das Bistro, das Sushi Girl, die Kilauea Bakery und die Palate Wine Bar locken mit köstlichen Angeboten.

Von dort sind es etwa 10 Minuten Fahrtzeit bis zum Aussichtspunkt in das Hanalei Valley – ein Halt ist hier ein absolutes Muss. Vor der häufig leicht verschleierten Namolokama Bergkette breiten sich wie ein Flickenteppich angelegte Felder in den unterschiedlichsten Grüntönen aus, auf denen seit alters her Taro angebaut wird. Gemächlich zieht dazwischen der Hanalei River seine Bahn. Wer nach einem kurzen Schauer miterlebt, wie ein farbenfroher Regenbogen die Szene umschließt, der darf sich als Glückspilz bezeichnen.

Taro-Felder im Hanalei Valley

Auf der Seeseite locken die Golfplätze der Princeville Comunity, die in ein gehobenes Wohn- und Hotelgebiet eingebettet liegen. Der Highway führt daran vorbei, über Kurven steil hinunter zu einer einspurigen den Hanalei River überquerenden Brücke und kurz danach in das pittoreske Hanalei an der Nordküste von Kauai. Der kleine Ort – am Tag quicklebendig durch die vielen Besucher, am Abend verträumt, geruhsam, fast verschlafen – war schon immer ein Zentrum der Landwirtschaft. Die ersten hawaiianischen Siedler pflanzten nicht nur Taro, sondern auch Bananen, Brotfrucht, Süßkartoffel und

Kokospalmen an. Als die Fremden ankamen, in erster Linie Amerikaner, wurden Maulbeeren, Kaffee, Baumwolle, Zuckerrohr, Zitrusfrüchte, Ananas, Kartoffel und Kohl kultiviert. Landarbeiter wurden in großer Schar in China und Japan angeworben, welche mit Eifer die Felder bestellten. Viele von ihnen sind auf Dauer geblieben und entsprechend ihren Essgewohnheiten, legten sie auch große Reisfelder an.

Protestantische Missionare aus den Südstaaten errichteten 1837 die Wai'oli Hui'ia Church in einer ausgefallenen Architektur nebst einem Pfarrhaus und einer Schule. Die Kirche ist heute ein Wahrzeichen des Städtchens.

Wai'oli Hui'ia Church in Hanalei

Bereits im 19. Jahrhundert blühte Hanalei. Die Könige Kamehameha II., III. und IV. besuchten den Ort und blieben mehrere Tage, ebenso Königin Emma mit Prince Albert in Begleitung, nach dem die Nachbargemeinde

Princeville getauft wurde, und schließlich kamen noch Princess Ruth und König Kalakaua vorbei. Im 20 Jahrhundert wurde Hanalei von mehreren Filmemachern als Kulisse inszeniert. Der Musikstreifen South Pacific erlangte größte Berühmtheit mit seinen am Pier und am nahen Lumahai Beach gedrehten Szenen, in denen sich Mitzi Gaynor genüsslich am Strand räkelt.

Der Lumahai Beach ist rein optisch ein wahrer Traumstrand, doch nicht ungefährlich wegen seiner oft wechselnden starken Strömung, die kein Schwimmer meistern kann.

Von hier aus bis zum Ende des Hwy 560 sind es nur noch 5 Meilen. Dort befindet sich ein paradiesisches Kleinod, der Ke'e Beach. Goldgelb glitzert der von den Wellen der Nacht glatt gespülte, feine Sand in der Morgensonne. Unberührt jungfräulich ist er anzusehen, eingerahmt vom satten Grün des hier endenden Regenwaldes. Ein nur teilweise sichtbares Riff sorgt für ruhiges, zum Schwimmen und Schnorcheln geeignetes Wasser.

Ke'e Beach vor der Napali Küste

Dahinter erstreckt sich die berühmte, wild zerklüftete Na Pali Coast am Nord-West-Rand Kauais. Faszinierend sind die bis zu 1.200 m hohen Klippen anzusehen, die wie in Falten gelegte Lavaströme aus längst vergangenen Zeiten dem Blasebalg einer Ziehharmonika gleichen, mit einem bunten Farbspiel aus schwarzem Gestein und grün bewachsenen Tälern, die mit von Eisenoxyd rot schimmernden Flecken durchsetzt sind und in denen rauschende Wasserfälle leuchtendweiß herabstürzen.

Schon vor Jahrhunderten legten die Hawaiianer entlang dieser bizarren Küste einen Pfad an, der oberhalb des Ke'e Strands beginnt und im vor langer Zeit bewohnten Kalalau-Tal endet. Der Weg führt um Bergvorsprünge und spitze Felsklippen herum und quert vier Täler bis das letzte, das Kalalau-Tal erreicht wird. Dabei sind von Tal zu Tal Höhenunterschiede zwischen 100 und 200 m zu bewältigen. Die einfache Strecke beträgt 11 Meilen, das sind 18 km, wofür bei guter Laufleistung ein ganzer Tag anzusetzen ist. Wer den Trail gehen und unterwegs campen möchte, braucht eine behördliche Erlaubnis, die das Department of Land and Natural Resources von Hawaii DLNR bis zu 30 Tage im Voraus online erteilt.

Der erste Abschnitt bis zum Hanakapi'ai Tal und Strand kann ohne Permit begangen werden. Für diese 2 Meilen lange Wegstrecke sind 2 ½ Stunden hin als auch zurück, insgesamt also 5 Stunden Fußmarsch anzusetzen; Pausen nicht eingerechnet. Geeignetes Schuhwerk und ausreichend Getränke und Verpflegung werden für diesen Ausflug empfohlen.

Der meist schmale Pfad beginnt mit einem steilen und steinigen Aufstieg, der bereits nach Erreichen der ersten Felsklippe einen grandiosen Ausblick auf die zerklüftete Küstenlinie und zurück zum Ke'e Strand bietet. Steil fällt das wild bewachsene Gelände zum Meer hin ab; für manch einen schwindelerregend. Der Aufwind bringt Kühle. Der Blick schweift ins Unendliche des hier über 4.000 m tiefen Pazifiks, dessen hohe Wellen kräftig gegen die Küste schlagen. In einer Entfernung von rund 5.000 km ist die nächste größere Landmasse nur zu erahnen, Japan.

Wer hier geht und steht und um sich sieht, erlebt die Natur in ihrer einmaligen Ursprünglichkeit. Die Na Pali Küste, der dahinter sich anschließende State Wilderness Park und die Reservate bis hinauf zu den Bergen Kawaikini und Wai'ale'ale sind ein unberührtes Juwel auf unseren sonst von Menschen stark geprägten Kontinenten. Das Department of Nature and Natural Resources in Oahu ist in enger Zusammenarbeit mit der Division of State Parks in Kauai ernsthaft darum bemüht, diese Landschaft und ihre endemischen Pflanzen zu schützen, Wiederaufforstung zu betreiben und den Besucherstrom durch die Limitierung der Besuchserlaubnis zu beschränken.

Wer dem Ke'e Beach einen Besuch abstattet und vielleicht auch noch eine kleine Strecke auf dem Na Pali Trail geht, sollte auf dem Rückweg eine kurze Pause in Hanalei einlegen, um die Erlebnisse des Tages nochmals bei einem kühlen Bier an sich in Gedanken vorüber ziehen zu lassen. Das Kalypso mit Island Bar & Grill auf dem Kuhio Hwy bietet sich hierfür geradezu an.

Kalypso in Hanalei

Maui – Das Urlaubsparadies

Maui war ein Halbgott in der hawaiischen Mythologie, der den Menschen das Feuer der Sonne auf die Erde brachte. Auf Grund ihres Sonnenreichtums und ihrer Schönheit wurde die Insel nach ihm benannt. Da sich zwischen dem längst erloschenen Vulkan Haleakala im Osten und den Bergen im Westen ein weites, fruchtbares Tal ausbreitet, wird Maui auch die Tal-Insel genannt.

Nach der Gründung des Königreiches von Hawaii verlegte Kamehameha I. seinen Sitz von seinem Geburtsort in North Kohala auf Big Island nach Maui, bevor Honolulu endgültiger Königssitz wurde. An diese historische Vergangenheit Mauis erinnert leider nichts mehr, wohl aber an die Zeit davor, als der Ali'i Kahekili über diese Insel und über Oahu herrschte. Wie die Legende erzählt, wurden ihm Mut, Tapferkeit und Stärke im Kampf gegen seine Feinde zugesprochen. Trotz Strenge war er bei seinen Untertanen sehr beliebt.

Sein Name bedeutete „Der Donnernde". Tätowierungen im Gesicht und auf dem Rücken gaben ihm ein Furcht erregendes Aussehen.

Legendär waren seine athletischen Heldentaten, wie zum Beispiel Sprünge von bis zu vierzig Meter hohen Klippen.

Eines Tages bestieg er den „Schwarzen Fels" am weiten Strand von Kaanapali, der heute als Black Rock bezeichnet wird. Dort zog er die Bewunderung seiner grimmigen Krieger auf sich, nicht wegen der Höhe von zwanzig Metern, sondern wegen der Geheimnisse, die das Kap umgaben, das die alten Hawaiianer Pu'u kaka'a, sanfter Hügel nannten. Bis heute wird der Felsen als heiliger Ort verehrt, der als Ka leina a Ka'uhane bekannt ist, als Platz der Geister, von dem die Seelen der Toten in das jenseitige Reich der untergehenden Sonne und der Ewigkeit aufstiegen. Nur wer über überirdische Kräfte verfügte, konnte von diesem Felsen unbehelligt Sprünge wagen.

Kahekili stieg mehrfach hinauf und sprang. Er besaß die geheimen Kräfte, die ihn eintauchen und wieder emporkommen ließen. Er regierte von 1766 bis 1793 und übertraf alle seine Krieger und Gegner beim Lele kawa, beim Klippenspringen, da diese Angst vor den Geistern hatten, die im Kap lebten.

Wer heute auf den Black Rock hinaufsteigt oder auf dem Kaanapali Beachwalk spazieren geht, der kann auch die drei kleineren Inseln Hawaiis sehen, Kaho'olawe, Lanai und Molokai.

Der Black Rock von Kaanapali mit Molokai im Hintergrund

Die südlichste, Kaho'olawe, ist unwirtlich und unbewohnt. Sie liegt im Windschatten des über 3.000 m hohen Haleakala und erhält kaum Niederschläge, da die Wolken bereits dort fast gänzlich abregnen.

Die kleine Insel Lanai weist einige bezaubernde landschaftliche Flecken und Strände auf, doch schreckt der aktuelle Zimmerpreis des einzigen Resorts am Südstrand von 810 € die meisten Interessenten ab.

Molokai ist im Osten abwechslungsreich. Dort ist der Mauna Kamakou mit 1.515 m der höchste Berg, mit dichtem, urzeitlichem Regenwald an seinen Flanken und steil abfallenden Tälern, die an die Na Pali Coast erinnern. In zwei Reservaten kümmern sich die Mitarbeiter der Division of Forestry and Wildlife um den Schutz der einheimischen Pflanzen und Tiere. Der Westen und die Südküste, an der sich zwei bescheidene Hotels befinden, sind flach und stark landwirtschaftlich geprägt. Gelobt wird der einsame, teils wilde und weitläufige Papohaku Beach am westlichen Ende einer Insel, die gern von wanderfreudigen Individualisten aufgesucht wird.

* * *

Die größere Osthälfte Mauis wird dominiert vom Haleakala, vom Haus der Sonne, wie die Übersetzung heißt. Der noch zur Zeit der Entdeckung des Archipels letztmals tätige Vulkan ist das gelobte Ziel der Frühaufsteher, die am Rand des Kraters das farbenprächtige Schauspiel des Sonnenaufgangs auf 3.000 m Höhe erleben möchten. Von Kaanapali dauert die Anfahrt etwa 2, von Wailea aus etwa 1 ½ Stunden bis das Visitors Center erreicht ist. Bis zum Parkplatz am höchsten Punkt des Haleakala, dem Red Hill, sind es nochmals 10 Minuten.

Warme Kleidung ist angesagt. Die Temperaturen liegen in den Morgenstunden bei 6 bis 9 ° C und die ersten Strahlen der aufgehenden Sonne wärmen nur spärlich. Die Landschaft ist faszinierend, fast wüstenartig zu nennen. Dunkelgraue Felsformationen wechseln ringsum mit roten Hängen, auf denen das einmalige Silberschwert Ahinahina wächst, das zu den bedrohten Arten gehört, wie die mit ihm verwandte Iliau, die Hawaiian Wilkesia, der wir im Waimea Canyon auf Kauai begegneten. Das Leben dieser Korbblütler kann 10 bis 15 Jahre erreichen. Doch nach der Blüte erlischt ihr Leben.

Silberschwert beim Sonnenaufgang auf dem Haleakala

Auf der Rückfahrt empfiehlt sich ein Abstecher auf dem Hwy 377 nach Süden zu den Kula Botanical Gardens und von dort weiter auf dem Kula Hwy 37 zum Winzer MauiWine auf dem Gelände der Ulupalakua Ranch. Wer hätte schon gedacht, dass auf dieser Insel inmitten des Pazifiks seit 1974 Wein angebaut wird? Doch, ob Rot, Weiß oder Rosé, alle Sorten sind zu haben – und erstaunlicherweise schmecken sie auch.

Blick über die Maalaea Bay und das weite Tal Mauis

Auch für den nicht an Wein Interessierten lohnt es sich, wenigsten ein Stück auf dem Kula Hwy nach Süden zu fahren. Dort finden sich die grandiosesten Ausblicke über die Maalaea Bay und das weite Tal hinweg auf die Berge von West Maui mit dem Puu Kukui als höchste Erhebung. Goldgelb glänzen die Zuckerrohrplantagen als auch die Sonnenblumenfelder kurz vor der Ernte und ganzjährig wiegen sich die Wipfel der dunkelgrünen Sandelholzbäume am Fuß der Berge. Schwach sind die Häuser von Lahaina zu erkennen, dahinter der Napili Beach und die Kapalua Bay. Mächtig erhebt sich am Horizont die Silhouette der Nachbarinsel Molokai.

An der Ostflanke des Puu Kukai erstreckt sich das von Felshängen umrahmte Iao Valley mit einem 365 m steil aufragenden und vom Dschungel überwucherten Monolithen, der The Needle, die Nadel genannt wird. In diesem Tal, das zu den großen landschaftlichen Sehenswürdigkeiten Mauis gehört, bezwang der Herrscher Big Islands Kamehameha I. mit seinen Kriegern im Jahr 1790 den hiesigen Clanführer Kahekili und errang somit auch die Herrschaft über Maui. Das war der erste große Schritt zur Vereinigung aller Inseln Hawaiis und zur Bildung eines Königreiches.

Iao Valley und The Needle

Als 1778 der Engländer James Cook als erster Europäer den Archipel offiziell entdeckte und in den Jahren danach die ersten Siedler und Missionare aus den heutigen Vereinigten Staaten, England und anderen Staaten Europas eintrafen, herrschten auf den großen, bewohnten Inseln die Ali'i genannten Häuptlinge unterschiedlicher Dynastien. Die meisten standen sich feindlich gegenüber. Einen Verbund der Inseln gab es nicht. Die Neuankömmlinge suchten den Kontakt zu den Herrschenden und Priestern, die sich für die Sitten und Gebräuche der Fremden als auch deren Kleidung und Gebrauchsgegenstände, wie zum Beispiel Lederschuhe, Jacken und Hosen aus festen Stoffen und vor allem für deren Waffen interessierten. Messer und Säbel aus Stahl, Nägel aus Eisen, geschmiedete Axtklingen und ähnlichem Werkzeug und natürlich den Feuerwaffen galt die besondere Aufmerksamkeit.

Gelehrig erlernten einige rasch die englische Sprache und im Austausch mit den Fremden die Grundbegriffe der militärischen Organisation und Führung als auch der Gesellschaft und des Staates, der im Herkunftsland Cooks von einem König beherrscht wurde.

Einige ausgewählte Hawaiianer wurden auf die lange Reise nach England mitgenommen und dort ausgebildet. Anzunehmen ist, dass unter ihnen ein Vertrauter oder sogar ein Mitglied des Kamehameha-Klans war, der mit der Zeit das Interesse des damals mächtigsten Herrschers weckte, die Ali'i und Krieger der Nachbarinseln zu besiegen und ein eigenes Königreich nach englischem Vorbild aufzubauen.

Als James Cook 1779 auf Big Island getötet wurde, war Kalani'opu'u dort an der Macht. Nach dessen Tot sollte sein Sohn Kawialo'o 1782 an seine Stelle treten, doch sein Vetter Kamehameha tötete ihn und übernahm selbst die Herrschaft. Wenn die Recherchen der Historiker stimmen, dann war er seit 1695 der 24ste Ali'i. Nach Maui 1790 unterwarf Kamehameha 1795 Oahu und 1810 schließlich noch Kauai. Damit war er Alleinherrscher über alle Inseln und erster König von Hawaii.

Wer vom Iao Valley ein paar Meilen Richtung Süden fährt, kommt beim Kahili Golf Course an einem Berghang vorbei, der mit Sandelholzbäumen dicht bewaldet ist. Zigarrenraucher wissen diese Bäume zu schätzen, denn ihre kostbaren gedrehten Tabakblätter werden vornehmlich in Kistchen aus duftendem Sandelholz aufbewahrt, das bestens dafür geeignet ist, Schwankungen der Temperatur und Luftfeuchtigkeit auszugleichen.

Bis zum Eintreffen der Europäer waren auch die Hänge des Haleakala mit diesen edlen Gehölzen bewachsen. Doch die Siedler trieben Raubbau, holzten die Wälder fast restlos ab, um die Stämme für große Geldsummen in alle Welt zu verkaufen. Die Asiaten schnitzten Kunstgegenstände aus dem rötlichen Holz, die Araber zerrieben es zu feinem Mehl, mit dem sie räucherten und die Europäer fertigten nicht nur Zigarrenkisten, sondern verarbeiteten das Kernholz und die Wurzeln zu Ölen, Seifen und Parfüms. Heutzutage wird Sandelholz an mehreren Berghängen der Insel wieder aufgeforstet.

Wer auf dem Hwy 30 westwärts fährt und nicht nur das blaue Meer betrachtet, sondern auch die rechts liegenden Ausläufer der West Maui Mountains ins Auge nimmt, der wird das Ukumehame Valley entdecken, das je nach Tageszeit ein dramatisches Farbspiel zeigt und von rauen Fallwinden durchzogen wird.

Morgenstimmung im Ukumehame Tal

Vor langer Zeit bewirtschafteten hier die Hawaiianer fruchtbare Felder, auf denen sie meist Taro anbauten. Die Organisation Maui Cultural Land verfolgt als Ziel die Archaeological Stabilization and Reforestation und fördert den

90

erneuten Taro-Anbau. Leider wird die durchaus sehenswerte, wilde und teils wieder kultivierte Landschaft durch keinen Wanderpfad erschlossen.

* * *

Auf Maui gibt es mehrere Touristenmagnete – im Süden Weilea und Kihei mit dem Maakena-Strand und im Westen den Kaanapali Beach, der für viele Badeurlauber der Strand der Strände ist, mit namhaften als auch preiswerten Hotels und dazwischen eingebettet dem Einkaufszentrum Whalers Village.

Und dann ist da noch das Städtchen Lahaina, ein historischer Ort mit einer langen Geschichte und dem Flair der hawaiischen Gründerjahre. Einst war Maui in drei kleine Reiche geteilt, Wailuku im Norden, Lele im Westen und Hana im Osten. Um das Jahr 1550 heiratete Pi'ilani, der sich nicht als Ali'i sondern als Moi bezeichnete, die Tochter des Häuptlings von Hana und vereinigte beide Reiche mit Sitz in Lele, dem heutigen Lahaina.

Als Kamehameha I. 450 Jahre später die Insel unterwarf, ließ er an der Westküste einen kleinen Palast aus Backsteinen von zwei ehemaligen englischen Strafgefangenen bauen, die aus Australien eintrafen. Er residierte dort von 1802 bis 1803 mit seiner in Hana geborenen Lieblingsfrau Ka'ahumanu. Kamehameha sagte von ihr: „Sie spürt den Herzschlag des Volkes." Und in der Tat, sie war eine starke Frau, kämpfte gegen die alten Tabus, trat für die Rechte der Frauen ein, nahm den christlichen Glauben an und regierte als Kuhina nui, heute würde man sagen als Premierministerin, nach dem Tod ihres Mannes an der Seite von Kamehameha II. und III.

In unmittelbarer Nachbarschaft dieser Residenz befand sich ein günstiger Ankerplatz, der mit der Zeit zu einem kleinen Hafen ausgebaut wurde. Hier kamen die ersten Siedler und Missionare an und hier gingen zuerst die großen Handelsschiffe vor Anker und schließlich die Schiffe der Walfänger, die in der Wasserstraße zwischen Maui und Lanai den jährlich in großer Zahl hier eintreffenden Buckelwalen nachstellten. Bis zu 400 Schiffe sollen es Mitte des 19. Jahrhunderts gewesen sein, von denen bis zu 1.500 Seeleute an Land gingen. Auch ein gänzlich normaler Passagier war darunter, der berühmte Schriftsteller Herman Melville, der sich 1843 in Lahaina zu seinem Roman Moby Dick inspirieren ließ.

Die Kneipen in der Front Street und die Prostitution hatten Hochkonjunktur und auch die Kriminalität. Ein Gerichtsgebäude wurde beim Hafen gebaut, und das Hale Pa'ahao, das Haus aus Eisen in der Prison Street, in dem vorwiegend Betrunkene und Randalierer die Nächte verbringen mussten. Heute kann das Gefängnis für Partys und Hochzeiten gemietet werden.

Die ersten Missionare trafen ein. Der Protestant Reverend William Richards war ein überzeugter Anhänger der Souveränität Hawaiis. Er unterstützte die Ausarbeitung der Verfassung. Sein Haus in der Front Street blieb leider nicht erhalten, jedoch jenes seines Nachbarn, des Reverend Dwight Baldwin, das heute ein sehenswertes Museum beherbergt. Dwight Baldwin gewann großen Einfluss in der Gemeinde, leitete die Waine'e Church, jetzt Waiola Church genannt und betätigte sich auch als Arzt. Auf dem Friedhof dieser Kirche liegt neben anderen Persönlichkeiten Mauis auch Königin Ka'ahumanu begraben, umrahmt von duftenden Plumeria Büschen, auch Frangipani genannt, und rot leuchtenden Heliconia.

Plumeria alba

Heliconia

Die Hawaiianer kannten keine Schrift. Ihr Geschichte wurde in Gesängen und Legenden, den Mo'olele, an die nächsten Generationen weitergegeben. Die Missionare gründeten die erste Schule, die heute noch bestehende

92

Lahainaluna Seminary School, und übersetzten die Sprache der Einheimischen ins Englische. Eine Druckmaschine wurde gekauft und über den Pazifik nach Lahaina verschifft. Dort angekommen, musste ein Druckhaus gebaut werden, das Hale Pa'i, in dem die ersten Handzettel, Gesangsbücher und Zeitungen gedruckt wurden. Und im Jahr 1834 gaben die Missionare die erste Zeitung in der Sprache der Hawaiianer heraus. Das renovierte alte Gebäude steht auf dem Schulgelände in der Lahainaluna Road.

Direkt neben dem Haus Baldwins steht der Master's Reading Room, aus Korallenblöcken und Bruchsteinen erbaut. Die Missionare hatten sich einen Lesesaal eingerichtet, der später von den Kapitänen der Wahlfangschiffe in eine Art Offiziersclub umgewandelt wurde.

Zahlreiche Straßen mussten auf der Insel gebaut und Zuckerrohrplantagen angelegt werden. Dafür wurden Arbeiter benötigt, die besonders in Japan und China angeworben wurden. Viele von ihnen gründeten Familien und blieben. Die Shingon Mission, ein japanischer Buddha-Tempel, und der chinesische Wo Hing Tempel sind Zeugen ihrer Vergangenheit als auch Gegenwart.

Besonders beeindruckend ist jedoch die etwas versteckte Jodo Mission in der Ala Moana Street. Wer sich dort hin begibt, wird große Augen machen wenn er vor dem gigantischen, 3.60 m großen Amithaba Buddha steht, dem Buddha der Wiedergeburt im reinen westlichen Land, der von einem Tempel, einer Pagode und einem Glockenturm umgeben ist.

In der Front Street reihten sich nach und nach Kneipen, Herbergen, Handels- und Wohnhäuser, in denen heute Restaurants, Galerien, Andenken- und Modegeschäfte auf Kundschaft warten. Eine Sehenswürdigkeit ist der riesige Banyanbaum, der 1873 vor dem Gerichtsgebäude gleich neben dem Lahaina Harbor gepflanzt wurde. Er bringt es auf eine Höhe von 20 m und bedeckt eine Fläche von mehr als 3.000 qm – genug Platz, um im Schatten eine Rast einzulegen. Die Luftwurzeln des Banyanbaumes bilden mit der Zeit neue Stämme. Sein Platz zum Weiterwachsen ist allerdings begrenzt.

In der Nachbarschaft des Banyans steht das legendäre Pioneer Inn, das 1901 als erstes Hotel der Stadt seine Pforten öffnete. In der Bar und in den Fluren befinden sich zahlreiche Exponate aus der Zeit des Walfangs neben Fotos bekannter Besucher, wie zum Beispiel von Frank Sinatra und Spencer Tracy. Diese beiden waren die Hauptdarsteller in dem hier 1960 gedrehten Film "The Devil at 4 O'clock", wie The Mercury News am 24.09.2017 berichten.

Ob Spencer Tracy mit Katharine Hepburn im Obergeschoß tatsächlich eine heiße Affäre hatte, bleibt allerdings eine Legende, wird weiter ausgeführt. Wer auf der Veranda des Grill-Restaurants mit Blick auf das Meer heutzutage einen Dämmerschoppen und ein Dinner genießt, braucht über Legenden nicht nachzudenken. Ob frischer Fisch nach Cajun Art oder ein Rib Eye Steak, rare, medium or well done, jedes Gericht wird zur köstlichen Realität. Wer dann noch Glück hat und einen Hawaiianer erlebt, der Gitarre oder Ukulele spielt und dabei alte Lieder, wie den Hukilau singt, der wird diesen Abend sein Leben lang in Erinnerung behalten.

Pioneer Inn, Signalturm und Banyanbaum
l. Fundamente der alten Residenz und r. ehemaliges Gerichtsgebäude

Ein letztes bemerkenswertes Gebäude steht gleich daneben, das alte Gerichtsgebäude, erstmals errichtet 1860 und mehrfach halb oder ganz durch peitschende Passatwinde, den Kaua'ula winds zerstört, die häufig über die Bergrücken auf Lahaina herabstürmen. Hier wurde 1898 die Fahne Hawaiis eingeholt und die Fahne der Vereinigten Staaten gehisst. Ein letzter Umbau fand 1925 statt, der dem Gebäude eine neugriechische Fassade gab, hinter der sich das Besucher Zentrum, eine Galerie und ein Museum für das kulturelle Erbe der Stadt befinden.

* * *

Die Küste von Kaanapali ist rund 3 Meilen lang. Vom Garten des Hyatt im Süden, wo das spektakuläre Fest Drums of the Pacific Lu`au aufgeführt wird, führt ein 1,5 Meilen langer, sehr gepflegter Beach Walk unter Palmen und mit zahlreichen, süßen Duft verströmenden Plumeria-Büschen bestückt vorbei an zahlreichen Hotels bis zum Black Rock. Wer weiter möchte, kann direkt am Sandstrand dahinter bis zum Kahekili Beach marschieren, das sind nochmals 0,5 Meilen. Bis zum Aston Shores, dem letzten zum Kaanapali Beach gehörenden Hotel, sind es weitere 0,5 Meilen. Mehrere großzügig gebaute Resorts und dorfähnliche Anlagen mit Ferienhäuschen und Wohnungen säumen den Strand. Dahinter liegen zwei Golfplätze, von denen der North Course, auch Royal genannt, auf dem häufig die Meisterschaften der Senioren ausgetragen werden, das Herz des ambitionierten Golfers höher schlagen lässt.

Insider zieht es noch ein Stück weiter nördlich. Dort locken die versteckt liegende Napili Bay und die Kapalua Bay sowohl Schnorchel-Taucher als auch Golfer an.

Der halbmondförmige Strand und die Bucht von Napili sind überschaubar, das ganze gesäumt von Ferienhäusern und kleinen Hotels, die nicht höher als die Palmen gebaut sind, fast privat und doch zugänglich. Kleine Felsnasen bilden beidseits eine natürliche Grenze, wobei am südlichen Ende ein Riff unter Wasser mehr als 100 m weit in die Bucht hinein reicht und für schwachen Wellengang sorgt. Das Riff ist mit Korallen dicht besetzt. Schnorcheln wird hier zu einem großen Erlebnis. Die Vielfalt der bunten Fische erfreut bei jedem Tauchgang aufs Neue. Butterflies sind häufig auszumachen, sowohl gestreifte als auch einfarbig gelbe mit langer Nase. Parrots und Squirrels schwimmen aufgeregt hin und her, dazwischen ein oder zwei durchsichtige Needle Fish. Das Auftauchen eines großmäuligen Groupers flößt überflüssige Angst ein, denn er ist friedfertig. Ebenso friedlich verhalten sich die grünen Meeresschildkröten, die sich nur selten dazwischen mischen. Die Krönung aber ist auch hier in der Napili Bay die seltene Begegnung mit einem Humu-humu-nukunuku-apua'a, einem der Staatssymbole Hawaiis.

Auch die Kapalua Bay hat dem Schnorchler am nördlichen Riff-Saum viel zu bieten. Die dort herrschenden Strömungen bergen jedoch stets eine große Gefahr für jene, die sich zu weit hinaus wagen.

Kapalua Bay mit Blick auf Lanai

Nach Kapalua zieht es mehr die Golfer, die auf zwei Plätzen spielen können. Der Plantation Course ist mit Par 73 und 7.244 m Länge ein wahres Monster selbst für die Tour-Spieler. Auch die Normalabschläge für Herren sind mit 6.946 m für Champs und 6.390 m für Regular immer noch eine große Herausforderung. Der Spieler mit mittlerem Handicap wird deshalb eher den Bay Course bevorzugen, der mit 6.294 m bzw. 5.770 m machbar erscheint.

Der in Honolulu geborene ehemalige Präsident der Vereinigten Staaten, Barack Obama soll hier auch schon seine Schläger geschwungen haben. Dieses Wissen mag den Gastspieler beflügeln, den Platz macht es nicht leichter.

Nicht vergessen werden darf eine Erwähnung des ebenso beliebten Südteils der Insel mit den Orten Kihei, Wailea und Makena, wo nicht nur schöne Strände zum Baden einladen, sondern auf gleich fünf Golfplätze eine Tee-Time gebucht werden kann: Maui Nui in Kihei, Wailea Blue, Emerald und Gold und der Makena Golf Club.

Von allen Stränden sichtbar ist die versunkene Vulkaninsel Molokini, von der nur noch ein halbmondförmiger Kraterrand aus dem Meer ragt. Das dort stets kristallklare und ruhige Wasser ist die erste Adresse für ambitionierte Schnorchler und Taucher. Das Unterwasser-Schutzgebiet von Molokini ist mit einem Boot vom Ma'alaea Harbor aus zu erreichen. Dort warten alle Riff-Fische auf Entdeckung. Manchmal kreuzen auch Mantas und Delphine die Bahnen der Schwimmer und wer zum Himmel und auf die Felsen blickt, wird zahlreiche Seevögel erkennen, für die ein staatliches Vogelschutzgebiet eingerichtet wurde.

* * *

Im Norden Mauis warten zwei Hotspots auf Entdeckung, das Upcountry mit Pa'ia und Makawao im Landesinneren sowie der Ho'okipa Beach Park an der Küste. Der Hwy 36 führt vom Kahului Airpot direkt zur Nordküste. Vorbei am malerisch gelegenen Baldwin Beach Park wird bereits nach wenigen Minuten die historische „Downtown" von Pa'ia erreicht. Auf dem Hana Hwy 36 und der beim Fish Market abzweigenden Baldwin Road locken bunte Häuser mit ihren Boutiquen, Kunstgalerien, Buchshops, Restaurants, Cafés und den zahlreichen Shops für Surfer. Der Besucher fühlt sich in die Gründerzeit des Zuckerrohranbaus versetzt, aus der die meisten Häuser stammen.

Die Baldwin Road führt hinauf in das hügelige Hinterland nach Makawao. Auch hier kann man auf Entdeckung in den Shops und Restaurants gehen. Hier riecht es nach Holz, Ölfarbe, Feuer und Süßem, wenn Bildhauer, Maler, Glasbläser ihrer Arbeit nachgehen und der Bäcker seine Windbeutel bäckt. Noch bekannter ist Makawao jedoch für seine Paniolo genannten hawaiischen Cowboys, die hoch zu Ross Rinder auf den weiten Feldern in neue Weidegründe treiben. Am 4. Juli, dem Nationalfeiertag, wird jährlich ein Umzug veranstaltet und ein großes Rodeo aufgeführt. Im Honolulu Theatre for Youth werden Geschichten der Paniolo erzählt und ihre Lieder gesungen.

Paniolo Cowboy beim Viehtrieb

Makawao Baldwin Avenue

Zurück in Downtown Pa'ia. Von hier sind es nur noch wenige Minuten bis zum Ho'okipa Beach, dem Mekka für Wellenreiter und Windsurfer. Hier weht der Nord-Ost-Passat unaufhörlich mit einer Windstärke von 4 bis 8, im Dezember oft mit Böen der Stärke 10. Dann sind bis zu 10 m hohe Wellen keine Seltenheit. Unter der Schirmherrschaft der Professional Windsurfers Association werden jährlich die Aloha Classics im Wellenreiten und Windsurfen ausgetragen.

Wer an diesem wilden Küstenabschnitt zum Lunch oder Dinner einkehren will, der sollte Mama's Fish House aufsuchen, wenn seine Geldbörse es zulässt. Weniger anspruchsvoll, aber nicht minder gut ist Charley's Restaurant & Saloon in Pa'ia, wo auch kleine Shows geboten werden. An den Tischen sitzt meist eine bunte Mischung aus Surfern, Abenteurern, Schriftstellern, Hippies, Künstlern, Managern und Normalos.

* * *

Ein letztes Highlight der Sonderklasse für einen Maui-Besuch und ein ganz besonders fesselndes Erlebnis wird der genießen, der über die Nord-Ost- und Ostflanke Mauis auf dem Highway 360 bis zum Städtchen Hana und darüber hinaus bis zum Ende der Ausbaustrecke fährt. Diese Straße wird auch Highway to Heaven genannt und von vielen als eine der schönsten Küsten- und Panoramastraßen der Welt bezeichnet. Sie windet sich wie eine Schlange um die in Jahrtausenden von Wind und Wetter ausgewaschenen Felsklippen der Berghänge. Ein Bachlauf folgt dem nächsten, alle von schmalen Brücken überquert, die meist nur einspurig befahren werden können, was Hinweisschilder regeln und hohe Konzentration erfordert. Obwohl auf etwa 65 km mehr als 500 sehr enge Kurven und 54 häufig einspurige Brücken zu meistern sind, gleicht die Fahrt einem Ausflug in den Garten Eden. Auf der einen Seite der anbrandende Pazifik, auf der anderen Seite ein dichter Regenwald mit blühenden Bäumen und Sträuchern und voraus eine zerklüftete Küste mit engen Tälern und über Kaskaden geräuschvoll herabstürzenden Flüsschen, die sich schäumend ins Meer ergießen.

Kleine Rastplätze laden zum Halten ein und jede Kurve gibt neue Ausblicke auf den Pazifik frei. Beschilderte Pfade führen hinein in den Regenwald, der seine Besucher mit seinem ureigenen Duft aus vermodertem Holz, Moosen und ätherische Harze ausströmenden Blättern und Blüten empfängt. Vögel melden ängstlich piepsend ihren Partnern den Fremden. Blüten erstrahlen im einfallenden Licht und kleinere als auch größere Wasserfälle kündigen durch ihr Getöse ihren meist spektakulären Anblick an.

Wasserfälle an der Hana Road

Ihr kristallklares Wasser wird zu kleinen Teichen gestaut, die zu einem erfrischenden Bad einladen. Warme, feuchte Luft strömt durch die Nase. Der Wind fegt säuselnd durch die Blätter. Dunkle Wolken bringen kurze, heftige Schauer, die dem Wald seinen Namen geben, Regenwald. Eine Aufzählung der zahlreichen sehenswerten Punkte, beginnend bei den Twinn Falls und bei der Hana Lava Tube endend, wird im Anhang wiedergegeben.

Wer beim Sonnenaufgang losfährt, kann bis zum Sonnenuntergang zurück sein. Eine Übernachtung in Hana macht die Fahrt entspannender. Das Schild am Ortseingang verrät: „Welcome to HANA the Heart of Old Hawaii". Wer sich hier länger aufhalten möchte, sollte vielleicht das alte Cultural Center direkt neben der Police Station von 1871 in der Uakea Road aufsuchen. Dort heißt ein weiteres Schild willkommen: Kauhale O Hana, was so viel bedeutet wie Hawaiische Häuser in Hana. Die historische Wohnanlage besteht aus dem Speisehaus für die Männer, dem Schlafhaus, der Küche und dem Bootshaus. Die Pflanzen auf dem Gelände wurden als Nahrung, für die Medizin und für spirituelle und machtpolitische Zeremonien angebaut. In alter Zeit war für jedes Haus eine Opfergabe für die im Zentrum der Anlage begrabenen erforderlich, um dem Haus spirituelle Macht zu verleihen. Meist wurde ein junger Mann für die Opferung ausgewählt.

Von Hana aus sind es noch 16 km bis nach Kipahulu und den Ausläufern des Haleakala National Parks. Die zahlreichen Wasserfälle und natürlichen Pools der Oheo Schlucht begeistern dort. Einige Fälle liegen direkt neben der Straße, wie die Paihi und Wailua Falls. Besonders beeindruckt der 122 m hohe Waimoku Fall am Ende des Pipiwai Trails. Der Wanderweg (hin und zurück sind es 6,4 km) führt durch einen dichten Bambuswald und vorbei an einem riesigen Banyanbaum.

Nochmals 2 km weiter, kurz vor dem Ende der ausgebauten Straße, befinden sich am felsigen Kipahulu Point die kleine, 1857 erbaute Palapala Ho'Omau Church und ein Friedhof. Auf diesem liegt an einem schattigen Platz Charles Lindbergh begraben.

Lindbergh erlangte 1927 Berühmtheit, als es als erster Pilot von New York aus im Nonstopflug in Paris landete. Er führte ein bewegtes Leben. Aus seiner Ehe gingen sechs Kinder hervor. Mit drei weiteren Frauen hatte er sieben weitere Kinder.

Lindbergh liebte Hawaii. Im verträumten Örtchen Kipahulu erwarb er ein Ferienhaus, das er immer wieder besuchte. Die Ruhe, der Duft der Wälder und Blüten und die Strahlen der Morgensonne hatten es ihm dort angetan. Als er an Lymphdrüsenkrebs erkrankte und sein Ende nahte, ließ er sich von New York nach Maui fliegen und in sein Haus in Kipahulu bringen, wo er die letzten acht Tage seines Lebens verbrachte. Er wünschte sich, „die süße, blumige Luft von Hana einzuatmen", bis zu seinem letzten Atemzug. Er verstarb 1974 im Alter von 72 Jahren. Seinem Wunsch entsprechend, wurde auf seinem Grabstein der Psalm Davids 139.9 eingemeißelt:

> "...If I take the wings of the morning,
> and dwell in the uttermost parts of the sea..."

In der deutschen Übersetzung der Bibel des Verlags Katholisches Bibelwerk heißt es:

"Wenn ich die Flügel des Morgenrots nehme
und mich am äußersten Meer niederlasse…"

Diese Innschrift gibt dann einen Sinn, wenn der Psalm 139.10 ergänzt wird:

"Auch dort wird deine Hand mich leiten
und deine Rechte mich fassen."

Grab Charles Lindberghs
auf dem Friedhof der
Palapala Ho'Omau Church – Kirche der Heiligen Schrift

Von der Grabstätte Charles Lindberghs, wo dessen Reise endete, bis zum Leuchtfeuer und den Klippen am Kipahulu Point, die den Blick auf den schier unendlichen Pazifiks freigeben, sind es nur wenige Schritte. Hier enden auch die Erzählungen von den Reisen in und um Big Island, Oahu, Kauai und Maui im Glanz der untergehenden Sonne. Zuerst noch goldgelb glühend versinkt sie am Horizont in einer wahren Farborgie, die das Firmament von Orange in Rot und schließlich Violett wechseln lässt.

Sonnenuntergang am Kipahulu Point

* * *

Schlusswort

Wenn über Hawaii, die dort lebenden Menschen und ihre Kultur sowie über die landschaftlichen Schönheiten geschrieben wird, dann darf über die Probleme des 50. Staates der USA nicht hinweggesehen werden. Stellvertretend hierzu stehen die Berichte einiger Medien:

Deutschlandfunk 13.11.2017 Gemessen an der Einwohnerzahl gibt es auf Hawaii mehr Obdachlose als in jedem anderen Bundesstaat der USA. Hier leben 8.000 Menschen ohne ein zu Hause. Denn das Touristenparadies ist nicht nur wunderschön, sondern für viele auch zu teuer.
Der Beachpark von Kaka'ako am westlichen Rand von Hawaiis Hauptstadt Honolulu gilt als einer der Hotspots für Obdachlose.

TO-HAWAII.com Methamphetamine (unter dem Namen "Crystal Meth" oder "Ice" bekannt), ist die am meisten benutzte Droge auf Hawaii.

Businessinsider.com 02.08.2013 The other Side of Paradise: In the largely native town of Waianae is the single largest homeless encampment in the United States. Up to 300 people live here at any given time. Most of them are native Hawaiians faced with a high cost of living and low-wage jobs.

Roadsnacks.net The 10 worst places to live in Hawaii for 2019

	Unemployment Rate %	Residents ca.	Unemployed
Makaha, Oahu	18,2	8.300	1.510
Waianae, Oahu	14,3	13.200	1.888
Nanakuli, Oahu	13,3	12.700	1.689
Maili, Oahu	12,1	9.500	1.150
Hawaiian Beaches, Hawaii	23,9	4.300	1.027
Hawaiian Paradise Park, Hawaii	7,4	11.400	844
Kapaa, Hawaii	6,4	10.700	1.006
Hilo, Hawai	6,2	43.300	2.685
Wailea, Maui	5,9	5.900	348
Wailua Homestead, Kauai	5,6	5.200	291
			12.438

Die Straße nach Hana oder der Highway to Heaven

Naturschönheiten und Aussichtspunkte, die einen Halt wert sind:

Twinn Falls
Bamboo Forest
Waikamoi Nature Trail
Garden of Eden Arboretum (teuer)
Kaumahine State Park
Keʻanae Lookaout
Keʼanae Arboretum (kostenlos)
Waialohe Point
Upper Waikani Falls
Puaʼa Kaʼs State Wayside
Hanawi Falls
Makapipi Falls
Hana Lava Tube

In Hana:
Honokalani Beach
Waianapanapa State Park

Quellenverzeichnis

Eigene Erkundungen des Autors vor Ort auf sieben Reisen
maps.google.de und wikipedia.org
gohawaii.com Hawaii Visitors and Convention Bureau
ntpg.org National Tropical Botanical Garden
ctahr.hawaii.edu College of Tropical Agriculture
                        and Human Resources, University of Hawaii
fws.gov U.S. Fish & Wildlife Service
hawaiiannativeplants.com Hui Kū Maoli Ola, Kane'ohe, Hawaii
nativeplants.hawaii.edu Native Plants Hawaii, University of Hawaii
hawaii.gov/forestry/frs/reserves/ hawaii-island/oahu/kauai/maui nui/
dlnr.hawaii.gov Division of Forestry and Wildlife, Hawaii
tourmaui.com maui-ancient-history
hilo.hawaii.edu dict.
wehewehe wikiwiki